| 개정판 |

장면으로 배우는
실용 일본어 문법

| 배은정 · 나유정 · 전종미 |

부산외국어대학교 출판부

장면으로 배우는
실용일본어문법

2018년 2월 23일 초판1쇄발행
2024년 3월 15일 초판5쇄발행
2025년 2월 28일 개정판발행

저 자/ 배은정 · 나유정 · 전종미
발행인/ 장 순 흥
발행처/ 부산외국어대학교 출판부
등 록/ 제 14-11-15호
주 소/ 46234 부산광역시 금정구 금샘로 485번길 65
전 화/ 051) 509-6448 팩스/ 051) 509-6468

편 집/ 주간 · 임기대
인쇄처/ 세종문화사 (051) 463-5898
공급처/ 한국출판협동조합 (02) 716-5616~9

ISBN 978-89-8312-285-8 93730

정가 14,000 원

머리말 ●●●

본서는 일본어 기초문법을 학습한 일본어 학습자들을 대상으로 중・고급 수준의 일본어 문법 실력을 갖출 수 있도록 만들어진 문법 수업용 교재이다. 종래의 문법 교재의 대부분이 품사별 문형 나열식 설명으로 되어 있어 실제의 장면에서 어떻게 활용이 되는지에 대한 체계성이 결여된 경우가 많아 전공 학생들의 수업용 교재로 채택하기 어려웠다.

즉, 실제로는 사용 빈도가 높고 초급 단계에서 보다 빨리 도입할 필요가 있는 표현이지만 그 표현이 등장하는 품사가 언급되는 챕터에 들어가야만 학습이 가능한 기존의 품사 위주의 문법 교재의 틀을 탈피하여, 주제별 장면별 문형과 표현을 다양하게 학습할 수 있는 교재의 필요성이 대두되었다.

이에 그 동안 일본어교육 현장에서 일본어 문법 수업을 담당한 경험과 노하우를 살려 학습자들의 눈높이에 맞춘 실용서로서의 일본어 문법책을 출간하게 되었다.

문장 안에는 말의 구성 및 운용상의 규칙이 담겨있고 이를 체계적으로 정립한 것이 문법이라고 할 수 있다. 일본어 문법 수업의 궁극적인 목적은 일본어학의 기초가 되는 일본어 문법의 정확한 이해를 통해 일본어 관련 제반 분야에 응용할 수 있는 능력을 기르도록 하는 데에 있다. 그러므로 중・고급 수준의 올바른 일본어 구사를 위해서는 그 문형이 어떠한 장면에서 누구에게 쓰이는지를 이해하는 것이 중요하다. 이러한 운용능력 배양을 위하여 본서에서는 일본어의 기본구조 파악과 함께 실제 장면에서의 응용이 가능한 표현문법 형식으로 구성하였다. 표현문법은 문법 사항의 개념 설명뿐만 아니라 실생활의 구체적인 장면에 필요한 표현과 적절한 표현까지 함께 다룬 것이라 할 수 있다.

따라서 본서에서는 한국인 학습자들이 이해에 어려움을 느끼는 문법사항에 대한 자세한 설명과 오용을 일으키기 쉬운 유사표현에 대한 바른 표현을 제시하여 실제 언어생활에 활용할 수 있도록 하였다.

모쪼록 본서에서 다루고 있는 표현 문법 사항의 숙지를 통하여, 이 교재가 궁극적인 목표로 삼고 있는 학생들의 실용직인 커뮤니케이션 능력 향상에 기여할 수 있기를 바란다. 그리고 지면을 빌어 감수 및 적절한 어드바이스를 해주신 부산외국어대학교 일본어융합학부 미쿠니 키호코 교수님과 본서의 출간을 위해 수고해주신 부산외대 출판부에 감사의 인사를 전하고자 한다.

집필진 일동

이 책의 구성과 특징 ●●●

본서는 주 3시간의 문법 수업으로 1학기와 2학기의 두 학기 동안 학습할 수 있도록 구성하였다. 즉, 한 주에 3시간씩 14주 동안으로 합계 42시간의 강의 분량이다.

본서의 챕터별 구성의 흐름은 한국의 대학생이 일본의 대학으로 유학을 떠나 그곳에서 겪게 되는 다양한 에피소드를 장면별로 구성하고 상황에 맞는 다양한 문형과 표현을 학습해 나갈 수 있는 형태를 취하였다. 즉, 주제별 장면별로 등장할 수 있는 다양한 문형 및 표현을 학습할 수 있도록 하여 실생활에서의 활용이 가능하도록 한 것이 본서의 가장 큰 특징이다.

본서의 항목별 특징은 다음과 같다.

본문회화

- 본문 회화문을 통해 실제의 문법 사항이 어떤 상황에서 쓰이는 지의 이해를 돕고 실제 장면에서의 올바른 사용이 가능하도록 상황제시에 중점을 둔 구성.
- 장면에 따른 보통체와 정중체의 자연스러운 제시로 상대에 따라 사용할 수 있는 문장 이해에 도움을 주도록 함.
- 본문 회화문을 통해 실생활에서 쓰이고 있는 문법 사항 이해를 통한 커뮤니케이션 능력 향상에 도움을 주는 구성.

문법사항 설명 및 예문

- 각 문법 사항별 접속방법과 중요 포인트는 한 눈에 알기 쉽도록 표로 정리.
- 각 문법 사항의 이해를 돕기 위한 예문은 실제의 쓰임을 중시한 실용적인 예문으로 구성.

Tip

- 유사표현에 관한 차이점 등을 팁을 통해 간단하고 명료하게 제시.
- 간과하기 쉬운 것, 잘못 사용하기 쉬운 문법 사항에 대한 보충 설명.
- 문법적으로는 바르지만 대우표현의 관점에서 틀린 것에 대한 주의사항 설명.

연습문제

- 각 문법 항목에서 배운 문법 사항을 확인 학습하기 위한 문제로 구성.
- 객관식, 주관식 문제로 구성하여 문법 사항 확인 및 작문 등의 응용학습이 가능하도록 구성.

목 차 ●●●

1 道を教えてほしいです

＜大学のキャパスで＞

ユミ：山田さん、こんにちは。

山田：あ、キムさん、こんにちは。

ユミ：今ちょっと時間大丈夫ですか？

山田：はい。どうしました？

ユミ：あのう、ちょっと道を教えてほしいんですが。今図書館に行きたいんですが、どこにあるのかよくわからなくて。

山田：あ、そうなんですね。図書館ならすぐそこですよ。案内しましょうか。

ユミ：助かります。一人で探すのはちょっと不安だったんです。
日本の大学は、思ったより広くてびっくりしました。

山田：そうですね。特にここは建物が多いから、慣れるまで時間がかかると思います。

ユミ：山田さんも最初は迷いましたか？

山田：もちろん！最初は毎日のように道を聞いて回ってましたよ。

ユミ：そうなんですね。日本の大学の雰囲気、ちょっと知りたくて聞いてみたかったです。

山田：何でも聞いてください。僕も韓国の大学について知りたいなぁ。

ユミ：是非どうぞ！今度お茶でもしながら色々話しましょう。

山田：いいですね！あ、図書館はあの建物の左側にあります。

ユミ：ああ、あそこの建物ですね。わかりました。ありがとうございます！

주요문형 및 표현
たい：~(하)고 싶다.
ほしい：~을/를 원하다, 갖고 싶다.

주요 단어	
大丈夫(だいじょうぶ)だ：괜찮다	慣(な)れる：익숙해지다
図書館(としょかん)：도서관	時間(じかん)がかかる：시간이 걸리다
案内(あんない)する：안내하다	迷(まよ)う：(길을) 헤매다
助(たす)かる：도움이 되다	雰囲気(ふんいき)：분위기
探(さが)す：찾다	是非(ぜひ)：꼭, 반드시
不安(ふあん)だ：불안하다	お茶(ちゃ)する：차를 마시다, 차 한잔하다
びっくりする：놀라다	色々(いろいろ)：여러 가지
建物(たてもの)：건물	左側(ひだりがわ)：왼쪽, 좌측

1 「たい」：'~(하)고 싶다'

「たい」는 동사의 「ます형」에 접속하여 말하는 이가 어떤 행위를 하는 데에 대한 희망을 나타낼 때 쓰는 표현이다.

(1) 사용상의 특징

희망의 대상은 「が」로 나타내는 것이 일반적이지만 「を」를 취해도 되며 기본적으로 주어는 말하는 이가 된다. 특히 「飲(の)む」「食(た)べる」「見(み)る」「読(よ)む」등의 동사는 대상을 나타내는「を」를 그대로 사용할 수 있다.

ex) おいしいコーヒー {を・が} 飲(の)みたい。(맛있는 커피를 마시고 싶다.)

アニメ{を・が} 見(み)たい。 (애니메이션을 보고 싶다.)

한편, 다음과 같이「を」가「が」로 바뀌지 않고「を」를 그대로 써야 자연스러운 경우도 있다.

① 관용표현처럼 쓰이는 경우

ex) 電話(でんわ){を・(△)が}かけたい。(전화를 걸고 싶다.)

アイロン{を・(△)が}かけたい。(다림질을 하고 싶다.)

山(やま){を・(△)が}登(のぼ)りたい。(산을 오르고 싶다.)

② 대상이 사람인 경우

ex) 今度(こんど)のパーティーに彼女(かのじょ){を・(△)が}呼(よ)びたい。

(이번 파티에 그녀를 부르고 싶다.)

大学(だいがく)で新(あたら)しい友達(ともだち){を・(△)が}作(つく)りたい。

(대학에서 새로운 친구를 만들고 싶다.)

③ 술어가 복합적인 표현의 경우

ex) あのカフェのコーヒー{を・(△)が}飲(の)んでみたい。

(저 카페의 커피를 마셔보고 싶다.)

早(はや)くこのピザ{を・(△)が}食(た)べてしまいたい。

(어서 이 피자를 먹어버리고 싶다.)

④ 대상이 되는 명사와 「동사＋たい」의 사이가 거리적으로 떨어져 있는 경우

ex) おいしいパスタ{を・(△)が}サークルの友達と食べたい。

(맛있는 파스타를 동아리 친구와 함께 먹고 싶다.)

(2) 제3자가 주어인 경우의 희망 표현

① 제3자의 희망 표현은 현재형에서는 「～たい」가 아닌 「～たがる(～(하)고 싶어 하다)」를 사용한다. 이때 대상을 나타내는 조사는 「특정조사＋동사」가 페어가 되는 경우를 제외하고는 「～を」로 한정된다. 그리고 일반적인 희망을 나타내는 경우라면 「たがる(～하고 싶어 하다)」를, 개인적인 희방을 나타내는 경우라면 「たがっている(～하고 싶어 하고 있다)」를 사용하는 경우가 많다.

ex) うちの子どもはいつもカレーライスを食べたがる。

(우리 아이는 항상 카레라이스를 먹고 싶어 한다.)

人間ならだれもがお金持ちになりたがる。

(사람이라면 누구나가 부자가 되고 싶어 한다.)

田中さんはお金持ちになりたがっている。

(다나카씨는 부자가 되고 싶어 하고 있다.)

② 「たい」뒤에 「そうだ」 「という」 「ようだ」등이 접속하여 문장이 끝나면 제3자가 주어인 경우에도 「たい」가 사용될 수 있다.

ex) 彼は海外旅行に行きたいそうだ。(그는 해외여행을 가고 싶다고 한다.)

彼はあの人と話したいという。(그는 저 사람과 이야기하고 싶다고 해.)

TIP 「たい」와 「たがる」 표현을 쓸 때의 유의점

(1) 손윗사람에게 사용할 때 실례가 될 수 있다.

「たい」와 「たがる」는 「~하고 싶다」라는 욕구를 나타내는 표현이므로 상대방이나 제3자가 주어로 사용되는 경우에는 그 사용에 유의해야 한다. 특히 어른이나 손윗사람의 희망(욕구)을 나타내는 경우에는 이러한 직접적인 질문 표현을 쓰는 것은 실례가 되므로 쓰지 않는 것이 좋다.

ex) (?)これとてもおいしいですが、先生もめしあがりたいですか。

(이것 정말 맛있는데 선생님도 드시고 싶습니까?)

→ 先生もいかがですか。(선생님도 어떠세요? (드시지 않겠어요?))

ex) (△)課長は新しい車を買いたがっています。

(과장님은 새 차를 사고 싶어 하십니다.)

→ 課長は新しい車を買いたいと言っています。

(과장님은 새 차를 사고 싶다고 말하고 계십니다.)

(2) 가능동사 바로 뒤에 「たい」를 쓸 수 없다.

ex) 일본어를 능숙하게 말하고 싶다.

*日本語が上手に話せたい。

→日本語を上手に話したい。또는

日本語{が・を}上手に話せるようになりたい。

2 「ほしい」: '~을/를 원하다, 갖고 싶다'

「ほしい」는 말하는 사람의 바람(願望)을 나타낼 때 쓰이는 형용사이다. 그 대상이 되는 것은 「명사+が+ほしい」로 표현되며, 듣는 사람이 원하는 것을 묻는 의문문을 제외하고는 주어가 말하는 사람 자신일 때만 사용할 수 있다.

(1) 용례

ex) 私は大きい車がほしい。(나는 큰 차를 가지고 싶다.)

* {あなた・彼}は大きい車がほしい。

私は人形がほしいです。(나는 인형을 가지고 싶습니다.)

* {あなた・彼}は人形がほしいです。

(あなたは)何がほしいですか。(무엇을 가지고 싶습니까?)

(2) 특징

① 1인칭 주어의 구문에서 사용하는 것이 보통이며, 제3자의 희망을 나타내는 경우라면 「~をほしがっている」 표현을 사용한다. 단, 「ほしい」 뒤에 「そうだ」 「~という」「ようだ」 등이 접속하면 화자의 바람을 나타내는 것이 아니게 되므로 제3자가 주어인 경우에도 사용이 가능하다.

ex) 彼は大きい車をほしがっている。(그는 큰 차를 가지고 싶어 한다.)

彼女は高いバッグをほしがっている。(그녀는 비싼 가방을 가지고 싶어 한다.)

森さんは新しいくつがほしいようです。(모리씨는 새 구두를 원하는 모양입니다.)

② 상대방이 윗사람일 경우에는 실례가 되는 표현이므로 유의해야 한다.

ex) 【여러 개 중에서 선택할 수 있는 상황】

(?)先生、どれがほしいですか。(선생님, 어느 것을 원합니까?)

→ 先生、どれがよろしいですか。(선생님, 어느 것이 좋으십니까?)

③「X＋동사＋てほしい」의 형태를 취하여「X가～해 주었으면 한다/해 주면 좋겠다/해 주기를 바란다」의 의미를 나타내며, 이 때 행위자「X」는 보통 조사「に」를 취한다는 점에 주의할 필요가 있다.

ex) 田中さんにピアノを弾いてほしい。(다나카씨가 피아노를 쳐 주었으면 해.)

初めて作った料理だから、君にぜひ食べてほしい。

(처음 만든 요리라 네가 꼭 먹어주면 좋겠어.)

④「～てほしい」의 부정표현으로는「～ないでほしい」「～てほしくない」가 있으며 후자가 좀 더 강한 부정의 의미를 지닌다.

ex) 今は掃除しないでほしいんですが…。(지금은 청소를 안 해 주었으면 하는데요….)

だれにも部屋に入ってほしくないんだけど…。

(아무도 방에 들어오지 말았으면 하는데….)

TIP 「～てほしい」vs「～てもらいたい」

(1)「～てほしい」가 사용된 문장에서의 동사는 의지동사와 무의지동사 둘 다 사용가능.

ex) 早く雨がやんでほしいのにね。(빨리 비가 그쳐 주면 좋을텐데.)【やむ： 무의지동사】

日本語を教えてほしい。(일본어를 가르쳐 주면 좋겠다.)【教える： 의지동사】

단,「X＋동사＋てほしい」에서 스스로의 의지로 행동하거나 결정할 수 있는 존재가 행위자 X로 오면「に격」을, 그렇지 못한 경우에는「が격」을 취한다.

ex) あの人に荷物を持ってほしかった。(저 사람이 짐을 들어주었으면 했다.)

赤ちゃんがすぐに歩けるようになってほしいです。

(아기가 빨리 걷게 되면 좋겠습니다.)

(2)「～てもらいたい」가 사용된 문장에서는 의지동사만 사용가능.

「X＋동사＋てもらいたい」에서 의지가 있는 것이 행위자 X로 올 수 있으며, 반드시「に격」을 취한다. 이 때 의지동사만이 사용된다.

ex) 部下にこの調査を手伝って(もらいたい・ほしい)。

(부하직원이 이 조사를 도와주면 좋겠다.)

早く夏休みが来て(*もらいたい・ほしい)。(빨리 여름 방학이 오면 좋겠다.)

早く風邪が治って(*もらいたい・ほしい)。(빨리 감기가 나으면 좋겠다.)

연습문제

1. 「たい」「たがる」를 사용하여 해석에 맞게 문장을 완성하시오.

(1) 남동생은 커피보다 술을 마시고 싶어 합니다.

弟はコーヒーよりお酒を飲み________________________________。

(2) 리나는 유럽에 가고 싶다고 말하고 있습니다.

リナはヨーロッパへ行き______________________と言っています。

(3) 남동생은 애완동물을 키우고 싶어 하지만 저는 키우고 싶지 않습니다.

弟はペットを飼い____________が、私は飼い______________。

(4) 여동생은 추위를 많이 타서 겨울에는 밖에 잘 나가고 싶어 하지 않는다.

妹は寒がりだから、冬は外に出________________________。

2. 「ほしい」「ほしがる」를 사용하여 해석에 맞게 문장을 완성하시오.

(1) 기무라군은 남의 물건을 갖고 싶어 하는 버릇이 있다.

木村君は人のもの________________くせがある。

(2) 하루카는 하얀 색 코트를 갖고 싶어 합니다.

ハルカは白いコート________________います。

(3) 빨리 따뜻한 봄이 오면 좋겠다.

早く暖かい春____________________________________。

(4) 다나카씨는 새 컴퓨터를 갖고 싶어 하는 것 같습니다.

田中(たなか)さんは新(あたら)しいパソコン____________________ようです。

3. 다음 문장에서 부자연스러운 부분을 찾아 바르게 고쳐 쓰시오.

(1) マリは昔(むかし)の友達(ともだち)に会(あ)いたい。

__________________ ⇒ __________________

(2) 一回(いっかい)ぐらいは夜行(やこう)バスを乗(の)ってみたい。

__________________ → __________________

(3) 家(いえ)に帰(かえ)って料理(りょうり)をしている姉(あね)が手伝(てつだ)いたい。

__________________ ⇒ __________________

(4) 彼女(かのじょ)はブランド品(ひん)がほしがっている。

__________________ ⇒ __________________

(5) 二人(ふたり)の愛(あい)が続(つづ)いてもらいたい。

__________________ ⇒ __________________

(6) 学生時代(がくせいじだい)に本(ほん)をたくさん読(よ)んでほしがる。

__________________ ⇒ __________________

4. 다음 문장을 한국어로 해석하시오.

(1) 私(わたし)は小(ちい)さい頃(ごろ)からパイロットになりたかったです。

⇒ ____

(2) うちの妹は、ハロー・キティーのグッズなら何でも買いたがる。

⇒ ______________________________

(3) この前貸した本を返してほしい。

⇒ ______________________________

(4) 両親にはいつまでも元気で長生きしてほしいです。

⇒ ______________________________

5. 다음 문장을 일본어로 옮기시오.

(1) 내 동생은 영국으로 유학가고 싶어 합니다.

⇒ ______________________________

(2) 나는 빨리 결혼하고 싶지 않아.

⇒ ______________________________

(3) 생일 선물은 무엇을 원하나요?

⇒ ______________________________

(4) 발표 연습을 봐주면 좋겠어.

⇒ ______________________________

2 右に曲がると文房具屋があります

＜アルバイトについて話しているユミとりえ＞

ユミ：りえちゃん、日本でアルバイトをしたくて今色々探してるんだけど、どこがいいのかな。

りえ：そうだね。まず履歴書が必要だよ。履歴書がないと面接できないし。

ユミ：そうなんだ。じゃあ、早く準備しなきゃいけないね。

りえ：そうそう。それに、日本語が上手だと、接客の仕事ができるよ。
ユミちゃんは問題ないと思うよ。

ユミ：いやいや。日本語の勉強、もっと頑張らなきゃいけないな。お勧めの所ある？

りえ：コンビニやカフェはどう？経験がなくても始めやすいし、仕事が覚えやすいと聞いたよ。

ユミ：でも、接客するから、やっぱり日本語が上手じゃないとダメだよね。

りえ：そうだね。お客さんと話さなければならない場面が多いからね。
ユミちゃんなら大丈夫だよ。

ユミ：韓国ではレストランのホールでバイトしたことあるけど、日本は初めてだから怖いよ。

りえ：大丈夫大丈夫！あ、正門の前にあるカフェでホールのアルバイトを募集してたよ。

一緒に行ってみる？履歴書書くの手伝うよ。

ユミ：あ、いいの？ありがとう。助かるよ。

りえ：ううん、今ちょうど授業終わったし、午後暇だから全然平気。

とりあえず文房具屋さん行って履歴書買おう。ここまっすぐ行って右に曲がるとあるよ。

ユミ：うん、ありがとう！

주요문형 및 표현
と：~(하)면 なければならない：~(하)지 않으면 안 된다, 해야 한다.

주요 단어

アルバイト：아르바이트(약자는 バイト)

履歴書：이력서

必要だ：필요하다

面接する：면접하다

準備する：준비하다

接客：접객, 손님을 대하는 것

頑張る：열심히 하다

お勧め：권장, 권유

コンビニ：편의점

カフェ：카페

経験：경험

覚えやすい：외우기 쉽다

ダメだ：안 된다

場面：장면

レストラン：레스토랑

ホール：홀

募集する：모집하다

一緒に：함께

暇だ：한가하다

平気だ：아무렇지 않다

文房具屋：문방구

曲がる：꺾다, 돌다, 굽어지다

1 「と」: '~(하)면'

「と」는 조건 표현 중 하나이다. 전건이 일어나면 필연적으로 후건이 일어나는 사태를 나타내기에 가장 적합하며, 일어날지 어떨지 모르는 가정조건에는 사용되기 어렵다. 전건과 후건의 연결이 강하여 자연현상이나 규칙, 기계조작, 습관, 발견 등 언제나 같은 결과가 되는 것에 사용되는 경우가 대부분이다. 필연적 결과로 그렇게 된다고 하는 것을 강조하고 싶은 경우에 사용하는 것이 효과적이며, 반복적, 항상적인 의존관계를 나타내는 것이 보통이다. 후건으로「~ていた」또는 과거의 문장에 사용되어, 발견이나 동일 인물의 연속동작, 과거의 습관을 나타내기도 한다.

◈「と」의 접속방법

<table>
<tr><th rowspan="2">AとB</th><th rowspan="2" colspan="2">종 류</th><th rowspan="2">접속방법</th><th colspan="2">예 문</th></tr>
<tr><th>긍 정</th><th>부 정</th></tr>
<tr><td rowspan="6">と</td><td rowspan="3">동사</td><td>1그룹</td><td>사전형+と</td><td>冬(ふゆ)になると</td><td>冬(ふゆ)にならないと</td></tr>
<tr><td>2그룹</td><td>사전형+と</td><td>見(み)ると</td><td>見(み)ないと</td></tr>
<tr><td>3그룹</td><td>사전형+と</td><td>すると
くると</td><td>しないと
こないと</td></tr>
<tr><td colspan="2">い형용사</td><td>사전형+と</td><td>天気(てんき)がいいと</td><td>天気(てんき)がよくないと</td></tr>
<tr><td colspan="2">な형용사</td><td>사전형+と</td><td>きれいだと</td><td>きれいでないと</td></tr>
<tr><td colspan="2">명 사</td><td>だ+と</td><td>先生(せんせい)だと</td><td>先生(せんせい)ではないと</td></tr>
</table>

TIP 가정조건과 확정조건

(1) 가정조건 : 일어날 지 어떨지의 여부를 모르는 사태를 말한다.

ex) 天気(てんき)がよければ、ピクニックに行(い)きましょう。

(날씨가 좋으면 피크닉을 갑시다.)

宝(たから)くじに当(あた)れば、世界旅行(せかいりょこう)ができる。

(복권에 당첨되면 세계여행을 할 수 있다.)

(2) 확정조건 : 시간이 지나면 반드시 성립하는 사태를 말한다.

ex) 午後になったら、散歩に行こう。(오후가 되면 산책하러 가자.)

来年の4月になったら、彼が外国から戻ってくる。

(내년 4월이 되면 그가 외국에서 돌아온다.)

(1) 용법

① 자연현상, 법칙적 관계

ex) 春になると、花が咲く。(봄이 되면 꽃이 핀다.)

10から5を引くと、5になる。(10에서 5를 빼면 5가 된다.)

歳を取ると、体が弱くなります。(나이를 먹으면, 몸이 약해집니다.)

② 사용설명, 기계조작, 지리적 설명(길 안내)

ex) このボタンを押すと、電源が入ります。

(이 버튼을 누르면 전원이 들어옵니다.)

ここをクリックすると、ログインできます。

(여기를 클릭하면 로그인 할 수 있습니다.)

まっすぐ行くと、左側に銀行があります。

(쭉 가면 왼쪽에 은행이 있습니다.)

③ 반복적 행위 및 습관적 행위

ex) あの店に行くと、いつも食べすぎてしまう。

(그 가게에 가면 언제나 과식을 해 버린다.)

毎日学校が終わると、バイトに行く。

(매일 학교가 끝나면 아르바이트 하러 간다.)

父は出張に行くと、必ずお土産を買ってきた。

(아버지는 출장을 가면, 반드시 선물을 사 오셨다.)

④ 발견

ex) 家に帰ると、荷物が届いていた。(집으로 돌아가니, 짐이 도착해 있었다.)

トンネルを抜けると、そこは雪国だった。(터널을 지나니, 그 곳은 설국이었다.)

⑤ 동일인물의 연속동작

ex) 彼は店に入ると店員を呼んだ。(그는 가게에 들어가자 점원을 불렀다.)

ソラは家に帰るとソファーに座った。(소라는 집으로 돌아오자 소파에 앉았다.)

(2) 사용상의 제약

①「と」는 반복적이며 항상 일어나는 습관적 사실(필연)을 나타낸다. 그러므로 문말 표현에 권고(ほうがいい 등), 권유(ませんか・ましょうか 등), 희망(たい 등), 의뢰(~てください 등)나 명령, 의지, 의무 등 일시적인 사태를 나타내는 표현이 문말에 오는 경우,「と」의 사용은 부자연스러워진다.

ex) *夏休みになると、国へ帰りたいです。

(여름방학이 되면 고국으로 돌아가고 싶습니다.)

*春になると、花見に行きなさい。(봄이 되면 꽃구경을 가거라.)

단, 아래의 내용처럼 후건으로 '상태'나 '가능'을 나타내는 문이 오는 경우,「と」의 사용은 자연스러워진다.

cf) (○) 夏休みになると、国へ帰りたくなります。(상태)

(○) 春になると、花見に行けます。(가능)

② 「と」를 포함한 부분에 의문사(いつ, どこ, なに, どう, なぜ 등)가 사용되는 경우,「と」가 사용되기 어렵다.

ex) *どうすると、うまくいきますか。(어떻게 하면 잘 될까요?)
→ 조건표현을 포함한 부분에 의문사「どう」가 사용되었으므로 조건표현「と」가 어색해진다. ((○) どうすれば、うまくいきますか。)

단, 의문사가 사용된다 해도 아래의 예문처럼 후건에 사용되는 경우에는「と」가 사용되어도 무방하다.

ex) こうすると、どうなりますか。(이렇게 하면 어떻게 됩니까?)

2 「なければならない」: '~하지 않으면 안 된다, 해야 한다'

어떤 행위가 의무이며 반드시 필요하다는 뜻을 나타내는 표현이다. 자신의 행위나 듣는 이에게 직접 어떤 행위를 재촉할 때, 일반적인 상식 등을 이야기할 경우에도 사용된다. 강제적, 강한 충고의 뉘앙스를 가지므로 윗사람에게 사용하지 않는 것이 좋다.

◈ 「なければならない」의 접속방법

동사 ない형 + なければならない	行かなければならない
い형용사의 어간 + くなければならない	長くなければならない
な형용사의 어간 + でなければならない	まじめでなければならない
명사 + でなければならない	学生でなければならない

◎ 용례

ex) 学生は一生懸命勉強しなければならない。

(학생은 열심히 공부하지 않으면 안 된다.)

この薬を毎日飲まなければならない。(이 약을 매일 먹지 않으면 안 된다.)

この本は今日中に返さなければなりません。

(이 책은 오늘 안에 반납하지 않으면 안 됩니다.)

車に乗るときは、シートベルトをしなければなりません。

(차를 탈 때는 안전벨트를 하지 않으면 안 됩니다.)

明日の授業では、私が発表しなければならない。

(내일 수업에서는, 내가 발표하지 않으면 안 된다.)

의무와 필요를 나타내는「なければならない」와 유사한 표현으로「なければいけない」가 있다. 기본적으로는 어느 쪽을 사용해도 같은 의미를 나타내지만 굳이 비교하자면「なければならない」쪽이「なければいけない」보다 딱딱한 어감을 준다. 또한, 회화체에서는「なければいけない」의 축약형「なきゃいけない」의 형태로 많이 쓰인다.

ex) 午後5時までにレポートを出さなきゃいけない。

(오후 5시까지 리포트를 내지 않으면 안 돼.)

明日は1限目だから、早く起きなきゃ。

(내일은 1교시라서, 빨리 일어나지 않으면 안 돼.)

연습문제

1. ①~⑥ 중에서 바르게 사용된 문장은 어느 것인지 모두 찾으시오.

① 春になると、山登りをするつもりです。

② どうすると、理解してくれますか。

③ 手伝ってくれる人が一人でもいると、仕事を早く終えたのに。

④ サムゲタンはこのレシピ通りに作ると、おいしく出来上がります。

⑤ 夏になると、アイスコーヒーが飲みたくなる。

⑥ あとで高橋君が入ると、私に電話してください。

2. 다음 제시된 한국어를「なければならない」를 사용하여 작문하시오.

(1) 학생은 성실하지 않으면 안 된다.

学生は________________________________。

(2) 이 책은 다음 주 화요일까지 도서관에 반납하지 않으면 안 됩니다.

この本は来週の火曜日までに図書館に________________________。

(3) 과제는 11월 말까지 제출하지 않으면 안 된다.

課題は11月までに________________________________。

3. 다음 문장을 한국어로 해석하시오.

(1) 箱(はこ)を開(あ)けると、白(しろ)いハンカチが一枚(いちまい)入(はい)っていた。

⇒ ______

(2) 初級(しょきゅう)レベルは一ヶ月(いっかげつ)ぐらい勉強(べんきょう)すると、読(よ)み書(か)きはできる。

⇒ ______

(3) もう11時(じ)だからそろそろ帰(かえ)らなきゃ。

⇒ ______

(4) 選挙(せんきょ)の資金(しきん)については透明(とうめい)でなければならない。

⇒ ______

(5) 旅行中(りょこうちゅう)パスポートをなくしたので、大使館(たいしかん)へ行(い)かなければならない。

⇒ ______

4. 다음 문장을 일본어로 옮기시오.

(1) 이 버튼을 누르면 뜨거운 물이 나온다.

⇒ ______

(2) 그녀는 친구를 보자 손을 흔들었다.

⇒ ______

(3) 오늘 중으로 리포트를 끝내야만 한다.

⇒ ______

(4) 운전을 하기 위해서는 운전면허를 취득하지 않으면 안 됩니다.

⇒ ______

3 デザートが来たら写真を撮ろう

＜大学の前で＞

かりん：ねえねえ、ユミちゃん。

ユミ：うん、どうした？

かりん：なんか甘いもの食べたくない？ちょっとお腹空いてきちゃった。

ユミ：いいね。私も食べたくなった。

かりん：ここはどう？新しくできたカフェだよね。

ユミ：あ、ここ。前から気になってたよ。いいね。入ってみよう！

＜カフェで＞

ユミ：ここ、パンケーキと抹茶アイスがある。限定スイーツもあるよ。あ、迷っちゃう。

かりん：一応店員さんに聞いてみようか。すみません。デザートメニューのお勧めは何がありますか。

店員：はい。本日はふわふわパンケーキと抹茶パフェがお勧めです。

ユミ：抹茶パフェ！すごく美味しそうだね。でもどっちも食べたいなあ。

かりん：せっかくだから両方頼んだら？食べ切れなさそうならシェアしよう。

ユミ：そうだね。二人で食べよう。

かりん：デザート来たら写真もいっぱい撮ろう！

ユミ：いいよ。このお店、もっと早く来たらよかったのに。日本に来てから、こんなおしゃれなカフェは初めてだよ。

かりん：そうなんだ。じゃあ、今日は思いっきり楽しんでね！

주요문형 및 표현
たら：~면, ~더니 そうだ：~인(일) 것 같다, ~인 듯하다.

주요 단어	
お腹(なか)が空(す)く：배가 고프다	本日(ほんじつ)：금일, 오늘
気(き)になる：신경쓰이다	ふわふわ：부드럽고 가벼운, 폭신폭신한
パンケーキ：팬케이크	パフェ：파르페
抹茶(まっちゃ)：말차, 분말 녹차	頼(たの)む：부탁하다
アイス：아이스크림	食(た)べ切(き)る：완전히 다 먹다
限定(げんてい)スイーツ：한정 디저트(달콤한 간식)	シェアする：나누다
デザート：디저트	写真(しゃしん)を撮(と)る：사진을 찍다
メニュー：메뉴	思(おも)いっきり：마음껏
お勧(すす)め：추천	

1 「たら」：'~(하)면, ~더니'

「たら」는「と」「ば」「たら」「なら」중에서 가장 용법이 단순한 편이므로「たら」의 사용범위가 가장 넓고 편리하며 회화체에서 사용되는 경우가 많다.「たら」는 다른 조건표현들에 비해 문말(文末)의 제약이 없으며 시제의 제약도 없다.

◈ 「たら」의 접속방법

AたらB	종 류		접 속 방 법	예 문	
				긍 정	부 정
たら	동사	1그룹	て형	雨が降ったら	雨が降らなかったら
		2그룹		起きたら	起きなかったら
		3그룹		したら きたら	しなかったら こなかったら
	い형용사		た형	寒かったら	寒くなかったら
	な형용사		た형	楽だったら	楽では(じゃ)なかったら
	명 사		た형	美人だったら	美人では(じゃ)なかったら

(1) 사용상의 특징

① 다른 조건표현들에 비해 문말의 제약이 없어 후건으로 희망, 명령, 의지, 판단, 충고, 권유 등을 나타내는 표현이 올 수 있다.

ex) 冬になったら、スキーに行きたいね。(겨울이 되면, 스키를 타러 가고 싶어.)→ 희망

酒を飲んだら、運転するな！(술을 마시면, 운전하지 마!) → 명령

わからなかったら、質問したほうがいいよ。

(모르겠으면, 질문하는 게 좋아.) → 권유

② 전건으로는 미래, 현재, 과거 등 어떤 시제를 나타내는 사태에도 사용될 수 있다.

ex) 大人になったら、医者になりたいです。

(어른이 되면 의사가 되고 싶습니다.)

寝る準備をしていたら、いきなりケイタイが鳴りはじめた。

(잘 준비를 하고 있었는데 갑자기 휴대폰이 울리기 시작했다.)

昨日、映画館に行ったら、偶然田中さんに会った。

(어제 영화관에 갔더니 우연히 다나카씨를 만났다.)

(2) 용법

① 개인적이거나 일회적인 사실을 나타내며 우연, 발견, 결과의 의미를 나타낸다. 이 경우 [Aたら B]는 [A더니B]로 해석되며 후건으로 과거 시제를 사용한다.

ex) 図書館に行ったら、先生に会った。(도서관에 갔더니, 선생님을 만났다.)

クイズに応募したら、一等に当った。(퀴즈에 응모했더니, 1등에 당첨되었다.)

2年ぶりにお酒を飲んだら、すぐ酔ってしまった。

(2년 만에 술을 마셨더니, 금방 취해 버렸다.)

② 가정조건을 나타내는 사태에 사용될 수 있다.

ex) 1,000万円があったら、世界一周がしたいです。

(천만엔이 있다면, 세계 일주를 하고 싶습니다.)

明日雨が降ったら、家で勉強しようと思っています。

(내일 비가 온다면 집에서 공부하려고 합니다.)

③ 확정조건의 사태에 사용될 수 있다.

ex) 駅に着いたら、連絡してください。(역에 도착하면 연락주세요.)

午後になったら、散歩に行きましょう。(오후가 되면 산책하러 갑시다.)

④ 현실과 반대되는 사실을 가정할 수 있으며, 「ば」로 바꾸어 쓸 수 있다.

ex) もっとお金があったら(=あれば)、ほしいパソコンが買えただろう。

(좀 더 돈이 있었다면 갖고 싶은 컴퓨터를 샀을 것이다.)

もっと早く走ったら(=走っていれば)間に合ったのに･･･。

(좀 더 빨리 달렸다면 시간에 맞출 수 있었을 텐데...)

⑤ 어드바이스를 나타내는 의미로도 사용될 수 있으며, 「ば」로 바꾸어 쓸 수 있다.

ex) A：どうしよう。(어쩌지?)

B：とにかく聞いてみたら(=みれば)？(아무튼 한번 물어 봐.)

2 「そうだ」: '~일 것 같다, ~일 듯하다'

「~일 것 같다, ~일 듯하다」의 의미를 나타내는 「そうだ」는, 주로 어떤 대상물의 외관에서 오는 직관적인 인상을 보고 추측을 할 때 사용하거나, 앞으로 일어날 일에 대한 징후 및 예감을 나타낼 때 사용된다. 그러므로 과거의 일에는 사용될 수 없다. 그리고 「今にも(금방이라도)」「いかにも(너무나도)」「みるからに(보기에도)」와 같은 부사적 표현과 같이 잘 사용된다.

◈ 「そうだ」의 접속방법

	긍 정	부 정
동 사	行きそうだ	行かな(さ)そうだ 行きそうにない・行きそうもない・行きそうにもない
い형용사	おいしそうだ	おいしくなさそうだ おいしそうではない
な형용사	元気そうだ	元気ではなさそうだ 元気そうではない
명 사	—	学生ではなさそうだ

(1) 용법

① 대상물의 외관을 근거로 추측할 때 사용

ex) テーブルの上においしそうなケーキがあります。

(테이블 위에 맛있어 보이는 (맛있을 것 같은) 케이크가 있습니다.)

強い風が吹いて、木が倒れそうだ。(강한 바람이 불어서 나무가 쓰러질 것 같다.)

あの人は見るからにまじめそうだ。(저 사람은 딱 보기에 성실할 것 같다.)

② 외관을 근거로 한 추측은 아니지만 징후나 예감의 뜻으로 표현되는 경우

ex) 11月なのにこんなに寒いんだから、今年の冬も相当寒くなりそうですね。

(11월인데도 이렇게 추우니, 올해 겨울도 상당히 추울 것 같네요.)

今年、田中さんの息子さんも大学生になるんですね。これからもっとお金かかりそうですね。

(올해 다나카씨의 아드님도 대학생이 되는 거네요. 앞으로 더 돈이 많이 들겠어요.)

(2) 접속 및 활용시의 주의점

①「そうだ」는 명사에 직접 접속할 수 없으며 추량의 의미를 지닌 명사문을 만들고자 하는 경우에는「ようだ」를 사용한다.

ex) *前田さん、風邪そうですね。

前田さん、風邪のようですね。(마에다씨, 감기인 것 같네요.)

② 양태, 추측의「そうだ」는 과거의 사태에는 접속할 수 없다.

ex) *頭がガンガンします。どうも風邪を引いたそうですね。

(引いた : 과거사태)

頭がガンガンします。どうも風邪を引いたようですね。

(引いた : 과거사태)

(머리가 지끈지끈합니다. 아무래도 감기에 걸린 것 같습니다.)

cf) 과거형태와 접속할 수 있는「そうだ」표현도 있으나 이는 '~것 같다' 로 해석되는 추량의「そうだ」가 아닌 '~라고 한다' 로 해석되는 전문의「そうだ」이다. 따라서 아래의 예문도 '감기에 걸린 것 같습니다' 라는 추량의 해석을 가진 예문이 아닌, '감기에 걸렸다고 합니다' 라는 해석의 예문으로는 충분히 성립한다.

ex) 木村さんは風邪を引いたそうです。(기무라씨는 감기에 걸렸다고 합니다.)

③「そうだ」는 な형용사와 동일한 형태로 활용하여 타 품사와 접속한다.
「そうだ」의 품사는 조동사이지만 형태가「~だ」로 끝나므로 な형용사와 같은 형태로 활용한다.

ex) 彼女は今にも泣きそうな顔をしていた。

(그녀는 금방이라도 울 것 같은 얼굴을 하고 있었다.)

子供たちはとても楽しそうに遊んでいる。

(아이들은 매우 즐거운 듯이 놀고 있다.)

④「よい」/「ない」+「そうだ」의 접속 시 주의점
형용사 중에서 「よい」와「ない」는「よそうだ」와「なそう」가 아닌「よさそうだ」와「なさそうだ」가 된다는 점에 주의해야 한다.

ex) 今日は天気がよさそうだ。(오늘은 날씨가 좋을 것 같다.)

あの人はお金がなさそうだ。(저 사람은 돈이 없을 것 같다.)

(3) 부정표현

① 「동사+そうだ」의 부정표현

「동사+そうだ」의 부정표현을 만드는 방법에는 두 가지가 있는데, 「そうだ」 앞을 부정형으로 만드는 방법과 「そうだ」의 뒷부분을 「そうにない・そうもない・そうにもない」의 형태로 만드는 방법이 있다. 이러한 부정형은 그러한 일이 일어날 가능성이 적다는 의미를 나타낸다.

(i)「そうだ」 앞의 동사를 부정형으로 만든 경우

ex) レポートは明日までに終わらな(さ)そうだ。

(리포트는 내일까지 끝나지 않을 것 같다.)

(ii)「そうだ」의 뒷부분을 부정형으로 만든 경우

ex) レポートは明日までに終わり{そうにない/そうもない/そうにもない}。

(리포트는 내일까지 끝날 것 같지(도)않다.)

「동사+そうだ」의 부정표현 중에서 회화체에서는 (i)와 같은 형태가 많이 사용된다. 또한 (ii)의 세 가지 형태 중에서는 보통 「そうにない」의 형태를 많이 쓰며,「そうもない」 와 「そうにもない」의 형태는 강조해 주는 뉘앙스를 나타낸다. 그리고 한국인 학습자의 경우, な형용사의 활용과 착각하여 「동사어간+そうでは(じゃ)ない」의 형태로 잘못 쓰지 않도록 주의해야 한다.

ex) *レポートは明日(あした)までに終(お)わりそうではない。

②「い형용사+そうだ」의 부정표현

「そうだ」앞을 부정형으로 만드는 방법과「そうだ」의 뒷부분을「そうではない」의 형태로 바꾸어 만드는 방법이 있다.

ex) この店(みせ)のケーキ、あまりおいしくなさそう。

(이 가게의 케이크 별로 맛이 없을 것 같다.)

この店(みせ)のケーキ、あまりおいしそうでは(じゃ)ない。

(이 가게의 케이크 별로 맛이 있을 것 같지는 않다.)

ex) この頃(ごろ)ずっと雨(あめ)なので、あしたも天気(てんき)がよくなさそうだ。

(요즘 계속 비가 오고 있으므로 내일도 날씨가 좋지 않을 것 같다.)

この頃(ごろ)ずっと雨(あめ)なので、あしたも天気(てんき)がよさそうでは(じゃ)ない。

(요즘 계속 비가 오고 있으므로 내일도 날씨가 좋을 것 같지는 않다.)

③「な형용사+そうだ」의 부정표현

「ではなさそう」의 형태로「そうだ」앞을 부정형으로 만드는 방법과「そうだ」의 뒷부분을 부정형으로 만든「そうではない」의 형태로 바꾸어 만드는 방법이 있다.

ex) 彼(かれ)は最近(さいきん)あまり元気(げんき)では(じゃ)なさそうです。

(그는 요즘 그다지 건강하지 않은 것 같습니다.)

彼(かれ)は最近(さいきん)あまり元気(げんき)そうでは(じゃ)ないです。

(그는 요즘 그다지 건강한 것 같지 않습니다.)

연 습 문 제

1. 다음 해석에 맞도록 밑줄 친 곳에 들어갈 알맞은 말을 고르시오.

(1) 仕事が________、一緒にご飯食べに行きましょう。

해석 : 일이 끝나면 같이 밥 먹으러 갑시다.

① 終わって　② 終わると　③ 終わったら　④ 終わりそうで

(2) もう50分もたっているのに、赤ちゃんは眠れ_______。

해석 : 벌써 50분이나 지났는데도 아기는 잠들려고 하지 않는다.

① そうではない　② そうにない　③ そうはない　④ そうでない

(3) A：その荷物、_____ですね。お持ちしましょうか。

B：すみません、お願いします。

해석 : A : 그 짐, 무거워 보이네요. 들어 드릴까요?

B : 미안합니다. 부탁합니다.

① 重い　② 重そう　③ 重いそう　④ 重いらしい

(4) 一億ウォンもする車を持っているのを見ると、彼はどうやらお金持ち_____。

해석 : 1억원이나 하는 차를 가지고 있는 것을 보니 그는 아무래도 부자인가보다.

① のようだ　② のそうだ　③ そうだ　④ そうではない

2. 다음의 가정표현 중 맞는 것을 고르시오.

(1) 時間が (あると・あったら) 手伝ってください。

(2) ご飯を (食べると・食べたら) コーヒーを飲みましょう。

(3) 春に (なったら・なると) お花見に行きましょう。

(4) パスポートが (必要だと・必要だったら) 持ってきます。

3. 제시된 예문 중 부자연스러운 표현이 있는 경우에 한해 자연스럽게 고치시오.

(1) 만약 내일 비가 내리면 시합은 중지해 주세요.

→ もし、明日雨が降ると、試合は中止してください。

(수정 전: 수정 후:)

(2) 왠지 이번 시험은 지난번 보다 어려울 것 같지 않다.

→ なぜか今度の試験は前回より難しそうにない。

(수정 전: 수정 후:)

(3) 창문을 여니 후지산이 보였다. → 窓を開けると、富士山が見えた。

(수정 전: 수정 후:)

(4) 그 이야기는 사실이 아닐 것 같다. → その話は本当ではないそうだ。

(수정 전: 수정 후:)

4. 다음 괄호 안의 어휘를 사용하여 문법에 맞게 밑줄 친 곳에 써 넣으시오.

(1) 仕事が多すぎて、今日中には__________そうだ。(終わらない)

(2) あの人は今にも泣き__________顔をしている。(そうだ)

(3) _________たら、図書館にいるよ。(彼)

(4) 昨日、行き付けのスーパーに行ってたくさん_____たら、300円もまけてくれた。(買う)

5. 다음 문장을 한국어로 해석하시오.

(1) このノートパソコン、小さくて軽いから持ち運びに便利そうだね。

⇒ ______________________________

(2) この韓国料理、あまり辛くなさそうだね。

⇒ ______________________________

(3) この仕事が終わったら、コーヒーでも飲みませんか。

⇒ ______________________________

(4) 昨日、デパートに行ったら、定休日でした。

⇒ ______________________________

6. 다음 문장을 일본어로 옮기시오.

(1) 일이 끝나면 불을 꺼 주세요.

⇒ ______________________________

(2) 도쿄에 도착하면 우선 뭘 하고 싶니?

⇒ ______________________________

(3) 이 요리, 딱 보기에 몸에 나쁠 것 같다.

⇒ ______________________________

(4) 저 영화 시시할 것 같으니 보지 말자.

⇒ ______________________________

(5) 도로정체 때문에 3시 회의에 맞춰 올 수 없을 것 같다.

⇒ ______________________________

4 薬を飲めば、すぐに良くなります

＜病院の受付で＞

受付：こんにちは。ご予約されていますか？

ユミ：はい。ネットでしました。風邪を引いたようで、少し診てもらえればと思って来ました。

受付：かしこまりました。こちらの問診票をご記入ください。英語版もあるので、必要であればどうぞ。

ユミ：あ、ありがとうございます。

＜診察室で＞

医者：こんにちは。今日はどうされましたか。

ユミ：ここ数日、喉が痛くて少しせきも出ます。熱はないようですが、少し心配で･･･。

医者：そうですか。では、少し診てみますね。喉は腫れてますね。喉に効く薬を処方しておきます。

ユミ：ありがとうございます。日本の風邪薬はあまり飲んだことがないです。

医者：大丈夫です。薬を飲めばすぐに良くなるので、安心してください。

ユミ：ありがとうございます。早く治るといいんですが･･･。

医者：自宅に帰って、ゆっくり休んでください。お湯は喉にいいので、よく飲んでくださいね。
ユミ：ありがとうございます。
医者(いしゃ)：お大事(だいじ)に。

주요문형 및 표현
そうだ(전문)：～라고 한다.
ようだ/みたいだ：～인 것 같다.
ば：～면

주요 단어	
予約(よやく)する：예약하다	喉(のど)：목
病院(びょういん)：병원	せき：기침
受付(うけつけ)：접수	熱(ねつ)：열
ネット：인터넷(インターネット의 약자)	腫(は)れる：붓다
風邪(かぜ)を引(ひ)く：감기에 걸리다	効(き)く：효과 있다, 잘 듣다
診(み)てもらう：진찰받다(診(み)る：진찰하다)	薬(くすり)：약
記入(きにゅう)する：기입하다	処方(しょほう)する：처방하다
英語版(えいごばん)：영어판	風邪薬(かぜぐすり)：감기약
必要(ひつよう)だ：필요하다	治(なお)る：(병이) 낫다
診察室(しんさつしつ)：진찰실	自宅(じたく)：자택
医者(いしゃ)：의사	お湯(ゆ)：뜨거운 물
数日(すうじつ)：며칠, 여러 날	お大事(だいじ)に：몸조리 잘하세요, 건강 잘 챙기세요. (환자의 몸 상태를 걱정하는 인사말)

1 「そうだ」: '~라고 한다'

「そうだ」는 「~일 것 같다, 인 듯 보이다」라는 추측・양태의 의미 이외에 다른 사람에게서 듣거나 책 등에서 읽어서 알게 된 내용을 전할 때 쓰이는 표현인 「전문(伝聞)」의 용법이 있다. 이때의 「そうだ」는 「~と言っている」라고 바꾸어 쓸 수 있으며, 보통 「~によると(~에 의하면), ~の話では(~의 이야기로는), ~では(~에서는)」라는 표현과 함께 쓰이는 경우가 많다.

◈ 「そうだ」의 접속방법

	긍 정	부 정	과 거	과거부정
동 사	行くそうだ	行かないそうだ	行ったそうだ	行かなかったそうだ
い형용사	おいしいそうだ	おいしくないそうだ	おいしかったそうだ	おいしくなかったそうだ
な형용사	元気だそうだ	元気ではないそうだ	元気だったそうだ	元気ではなかったそうだ
명 사	日本人だそうだ	日本人ではないそうだ	日本人だったそうだ	日本人ではなかったそうだ

◎ 용례

ex) 噂では田中先生は来年結婚するそうです。

(소문으로는 다나카 선생님은 내년에 결혼한답니다.)

噂によると、彼は大学に落ちたそうです。

(소문에 의하면 그는 대학에 떨어졌다고 합니다.)

ニュースによると、昨夜北海道で地震があったそうです。

(뉴스에 의하면 어젯밤 홋카이도에서 지진이 있었다고 합니다.)

先輩の話では、この本がレポート作成にとても役立つそうです。

(선배의 말에 따르면 이 책이 리포트 작성에 많은 도움이 된다고 합니다.)

【人から聞いて】あの映画はとてもおもしろいそうです。

(저 영화는 아주 재미있다고 합니다.)

【人から聞いて】あの学生は留学生だそうだ。(저 학생은 유학생이라고 한다.)

2 「ようだ(みたいだ)」 : '~인 것 같다, ~인 듯하다'

「ようだ」는 자신이 실제 경험하거나 관찰한 것, 느낀 것을 토대로 한 「주관적인 입장」에서의 추측 혹은 추량을 나타내는 표현으로 주로 사용된다. 그러므로 본인의 생각 및 관찰내용 등을 근거로 판단하여 추측할 때 사용되는 것이 주된 특징이라 할 수 있다.

회화체에서는 주로 「みたいだ」의 형태로 많이 쓰이는데 딱딱한 문체나 격식을 차린 장면에서는 「ようだ」를 사용하는 것이 일반적이다.

◈ 「ようだ」의 접속방법

	긍 정	부 정	과 거	과거부정
동 사	行くようだ	行かないようだ	行ったようだ	行かなかったようだ
い형용사	おいしいようだ	おいしくないようだ	おいしかったようだ	おいしくなかったようだ
な형용사	元気なようだ	元気ではないようだ	元気だったようだ	元気ではなかったようだ
명 사	日本人のようだ	日本人ではないようだ	日本人だったようだ	日本人ではなかったようだ

「みたいだ」가 「ようだ」와 접속방법이 다른 경우는, な형용사 긍정형 「な형용사어간+みたいだ」와 명사 긍정형 「명사+みたいだ」의 두 가지이다. 그 외에는 「ようだ」와 접속방법이 동일하다.

◈「みたいだ」의 접속방법

	긍 정	부 정	과 거	과거부정
동 사	行くみたいだ	行かないみたいだ	行ったみたいだ	行かなかったみたいだ
い형용사	おいしいみたいだ	おいしくないみたいだ	おいしかったみたいだ	おいしくなかったみたいだ
な형용사	元気みたいだ	元気ではないみたいだ	元気だったみたいだ	元気ではなかったみたいだ
명 사	日本人みたいだ	日本人ではないみたいだ	日本人だったみたいだ	日本人ではなかったみたいだ

◎ 용례

ex) 【학교 앞 문구점 주인이 늘 같은 시간에 학교 쪽으로 가는 사람을 보며】

あの人はこの学校の先生のようです。(저 사람은 이 학교의 선생님인 것 같습니다.)

【머리가 아프고 목 상태도 안 좋은 것을 감지한 후】

どうも風邪をひいてしまったようです。(아무래도 감기에 걸린 것 같습니다.)

【가게 앞에 사람들이 줄지어 서 있는 모습을 보고】

あの豚カツ屋にはいつも人が大勢並んでいる。とてもおいしいようです。

(저 돈가스 가게는 항상 많은 사람들이 줄을 서 있다. 정말 맛있는 모양입니다.)

ex) A：もうすぐ閉店みたいだね。店員が掃除をしはじめたよ。

(이제 곧 폐점인가 봐, 점원이 청소를 하기 시작했어.)

B：じゃ、そろそろ出ようか。(이제 슬슬 나갈까?)

ex) A：この新商品、かなり人気みたいだよ。

(이 신제품 꽤 인기 있는 것 같아.)

B：そうなの？ちょっと見に行ってみようか。(그래? 한번 보러 가볼까?)

TIP 「ようだ」의 다른 용법

「ようだ」는 '~인 것 같다' 로 해석되는 추측의 용법 이외에도 아래와 같은 용법이 있다.

① 비유 : **(마치)~와 같다, ~처럼**

주로「まるで~のようだ」「まるで~のように」의 형태로 많이 쓰인다.

ex) 私が合格するなんてまるで夢のようだ。(내가 합격하다니 마치 꿈만 같다.)

あの人はまるで日本人のように発音がきれいです。

(저 사람은 마치 일본인처럼 발음이 깨끗합니다.)

② 예시, 지시 : **~처럼, ~와 같이**

ex) 寝る前に、ケーキのような甘いものは食べないほうがいいです。

(자기 전에 케익처럼 단 음식은 먹지 않는 편이 좋습니다.)

次の例のように書いてください。(다음의 예와 같이 써 주세요.)

③ 목적 : **~하도록**

「~ように」의 형태로 쓰인다.

ex) 日本語がわからない人にもわかるように説明してください。

(일본어를 모르는 사람도 알 수 있도록 설명해 주십시오.)

これからは遅れないようにしてね。(이제부터는 늦지 않도록 해라.)

風邪などひかないよう、お気をつけください。

(감기 등이 걸리지 않도록 몸 조심 하십시오.)

④ 기원 : **~(되)기를**

「~ように」의 형태로 문말에서 많이 쓰인다.

ex) どうか合格(ごうかく)できますように。(부디 합격할 수 있기를.)

世界(せかい)が平和(へいわ)になりますように。(세계가 평화롭게 되기를.)

3 「ば」: '~(하)면'

◈ 「ば」의 접속방법

<table>
<tr><th rowspan="2">AばB</th><th rowspan="2" colspan="2">종 류</th><th rowspan="2">접 속 방 법</th><th colspan="2">예 문</th></tr>
<tr><th>긍 정</th><th>부 정</th></tr>
<tr><td rowspan="7">ば</td><td rowspan="3">동사</td><td>1그룹</td><td>う단→え단＋ば</td><td>行(い)けば</td><td>行(い)かなければ</td></tr>
<tr><td>2그룹</td><td>う단→え단＋ば</td><td>食(た)べれば</td><td>食(た)べなければ</td></tr>
<tr><td>3그룹</td><td>う단→え단＋ば</td><td>すれば
来(く)れば</td><td>しなければ
来(こ)なければ</td></tr>
<tr><td colspan="2">い형용사</td><td>어간＋けれ＋ば</td><td>安(やす)ければ</td><td>安(やす)くなければ</td></tr>
<tr><td colspan="2">な형용사</td><td>어간＋なら＋ば</td><td>きれいならば</td><td>きれいでなければ</td></tr>
<tr><td colspan="2">명 사</td><td>なら＋ば</td><td>学生(がくせい)ならば</td><td>学生(がくせい)でなければ
学生(がくせい)ではないならば</td></tr>
</table>

(1) 용법

「ば」는 후건의 성립이 기대되어 진다는 문맥에서, 그 기대의 성립을 위해서 어떠한 전건이 필요한지를 서술하는 문에 가장 알맞은 표현이다.

논리적 사실, 자연현상 및 진리나 법칙, 항상적인 사실, 습관적, 반복적 사실 등을 나타낼 때 사용되기도 하므로「と」의 사용 환경과 겹치는 부분이 있지만, 이 경우에도 '후건의 성립을 위해서는 전건이 필요하다'라는 것이 전제가 되므로 뉘앙스에는 차이가 있다.

① 후건의 성립을 위해서 필요한 전건을 강조해서 말하고자 할 때 사용된다.

ex) A : 田中さんの病気、治るんでしょうかね。(다나카씨의 병, 나을까요?)

B : 手術をすれば、治るでしょう。(수술을 한다면 낫겠지요.)

ex) A : どうすれば発表が上手くできるのかなあ。

(어떻게 하면 발표를 잘 할 수 있을까)

B : もっと練習すれば、きっと上手くなると思うよ。

(좀 더 연습하면 반드시 잘하게 될 거라고 생각해.)

② 조건 「ば」가 주로 사용이 되는 것은 전건으로, 일어날지 어떨지 모르는 미성립의 사실 (=가정조건)이 위치하여 후건에 그 결과를 말할 때 사용된다.

ex) A : 1億円があれば 、何がしたいですか。

(1억엔이 있다면 무엇을 하고 싶습니까?)

B : 1億円があれば、マンションを購入たいです。

(1억엔이 있다면 맨션을 구입하고 싶어요.)

ex) お客様が増えれば、新しい店舗をオープンする予定です。

(손님이 늘면 새 점포를 오픈할 예정입니다.)

ex) A : この香水、今シーズン出たものじゃん。ほしいね。

(이 향수, 이번 시즌 나온 거잖아. 갖고 싶어.)

B : 新商品だから高くないのかな。(신상품이니까 비싸지 않을까.)

A : 一応値段だけでも聞いてみようか。安ければ買いたい。

(일단 가격만이라도 물어볼까. 싸다면 사고 싶어.)

③ 현실에 반대되는 가정을 나타내는 경우(반사실)

ex) その本を読んでおけばよかった。(그 책을 읽어두었더라면 좋았다.)

まじめに勉強していれば、4年で卒業できたのに。

(열심히 공부했더라면 4년 안에 졸업했을 텐데.)

チケットを早く予約していれば、安く旅行できたのに。

(티켓을 빨리 예약했더라면 저렴하게 여행할 수 있었을 텐데.)

④ 어드바이스의 의미로 사용

ex) A：どうしようかな。(어떻게 할까?)
B：とりあえずやってみれば。(일단 해 봐.)

⑤「～も～ば」의 형태를 취하여 열거 혹은 병렬의 의미를 나타내는 경우

ex) パンもあればご飯もあります。(빵도 있고 밥도 있습니다.)

(＝パンもあるし、ご飯もある。)

この店はコーヒーも飲めればお酒も飲める。

(이 가게는 커피도 마실 수 있거니와, 술도 마실 수 있다.)

(＝この店はコーヒーも飲めるし、お酒も飲める。)

⑥「～さえ～ば」의 형태로 후건이 성립하기 위한 최저조건을 나타내는 경우

ex) 寝る時間さえあれば、大満足です。(잘 시간만 있으면 대만족입니다.)

申請書を書きさえすれば、支援金をもらえるそうだ。

(신청서를 쓰기만 한다면, 지원금을 받을 수 있다고 한다.)

TIP 그 외「ば」의 용법

(1) 속담에서 사용되는「ば」

「ば」는 다른 조건을 나타내는 형식과는 달리, 속담에서도 자주 사용되는데, 아래에 몇 개의 속담을 소개한다.

ex) ちりも積(つ)もれば山(やま)となる。(티끌모아 태산)

住(す)めば都(みやこ)。(살면 고향)

急(いそ)がば回(まわ)れ。(급할수록 돌아가라)

のど元(もと)過(す)ぎれば熱(あつ)さを忘(わす)れる。

(목구멍만 넘어가면 뜨거움을 잊는다 : 괴로움도 그때가 지나버리면 잊어 버린다.
또는 괴로울 때 받았던 은혜도 편해지면 잊어버린다는 비유)

(2)「의문사+～ばいい」

「ば」는「～ばいい」의 형태로 다양한 의문사와 함께 자주 사용되는 특징이 있다.

ex) 明日(あした)は何時(なんじ)に来(く)ればいいですか。(내일은 몇 시에 오면 좋겠습니까?)

どこに行(い)けばいいかな。(어디로 가면 될까?)

(2) 사용상의 제약

① 전건에 동작성 술어가 사용되고, 후건으로 희망, 명령, 의지, 권유 표현이 사용되는 형태의 가정문에는 「ば」의 사용이 부자연스러워진다.

ex) (?) 学校へ行けば、連絡してください。(학교에 가면, 연락해 주세요.)

(?) たくさん走れば、すぐに休みたい。(많이 달리면 바로 쉬고 싶다.)

그러나 아래의 예문처럼 「ば」를 포함한 전건에 상태성 술어인 「ある・いる・できる・가능형」이나 형용사가 사용되는 경우라면 후건으로 희망, 의뢰, 명령, 의지, 권유 표현을 사용할 수 있다.

ex) 時間があれば、友達と映画を見に行くつもりだ。

(시간이 있으면 친구와 영화를 보러 갈 작정이다.)

誰かわかる人がいれば、教えてくれ。(누군가 아는 사람이 있으면 가르쳐 줘.)

もし修理ができれば、早めに直してください。

(만약 수리가 가능하다면 빨리 고쳐주세요.)

英語が話せれば、国内ではなく海外に旅行に行こう。

(영어를 할 수 있다면, 국내가 아닌 해외로 여행 가자.)

暑ければ、クーラーをつけてください。(덥다면, 에어컨을 켜 주십시오.)

또한, 아래의 예문처럼 전건과 후건의 주어가 다른 경우에도, 후건으로 의지표현이 사용되는 형태의 「ば」의 가정문도 자연스러워진다.

ex) 彼女が来れば、すぐ出かけよう。(그녀가 오면, 바로 외출하자.)

→ 전건 「彼女が来る」의 주어는 「彼女」이며, 후건 「出かける」의 주어는 화자와 「彼女」를 포함한 「我々」인 셈이므로 전・후건의 주어가 다른 경우이다.

② 「ば」는 다른 조건 표현과는 달리 과거의 사태에는 사용될 수 없다.

ex) *注射を打ってもらえばすぐ治りました。

注射を打ってもらったらすぐ治りました。

(주사를 맞았더니 바로 나았습니다.)

TIP 「と」 vs 「ば」

「と」는 전건이 성립되면 반드시 혹은 자연히 후건이 성립됨을 강조할 때 사용되며, 「ば」는 후건이 성립되려면 어떻게 해야 하는지를 전건에서 가정할 때 사용된다.

ex) このボタンを押すと食券が出てきます。(이 버튼을 누르면 식권이 나옵니다.)

→ 일반적으로 식권 사는 방법을 설명
식권을 파는 기계의 경우, 버튼이 눌러지면 식권이 나오는 구조이므로 전건이 성립하면 후건은 당연히 성립한다.

ex) A: あのう、すみません。食券を買いたいんですが。

(저기, 실례합니다. 식권을 사고 싶은데요.)

B: あ、食券ですか。このボタンを押せば食券が出てきます。

(아, 식권요? 이 버튼을 눌러야 식권이 나옵니다.)

A: あ、ありがとうございます。

(아, 감사합니다.)

→ 식권의 구입 방법을 물었을 때 들을 수 있는 대답
'식권을 사는 것'이 성립되려면 '이 버튼을 누르는 것'이 조건이 되어야 한다.

연 습 문 제

1. 다음 밑줄 친 곳에 들어갈 알맞은 말을 고르시오.

(1) 金さんの話によると、山田さんは明日富士山に________そうだ。

① のぼる　② のぼろう　③ のぼった　④ のぼるだろう

(2) あの人は、________ようですね。

① お医者さんだ ② お医者さんな ③ お医者さんの ④ お医者さんで

(3) 頭が痛いし、咳も出る。どうやら風邪を________。

① ひいたそうですね　② ひいたみたいですね

③ ひくようですね　④ ひきそうですね

(4) 毎日日本語の勉強を__________きっと上手になりますよ。

① する　② せば　③ すれば　④ するけど

(5) 今度の土曜日、時間が___________映画を見に行きませんか。

① あると　② できると　③ あれば　④ できれば

2. 다음 질문에 답하시오.

(1) 다음 중「ようだ」가 추측의 의미로 쓰인 것을 고르시오.

① これからは遅れないようにしてね。

② うちの猫はまるで豚のように太っている。

③ サッカーのような激しい運動が好きだ。

④ 彼は何も知らないようだった。

(2) 다음 중「そうだ」의 용법이 나머지와 다르게 쓰인 것을 고르시오.

① 彼は1時間も前に出発したそうだ。

② 日本に行っている兄はとても元気だそうだ。

③ 彼女は毎日2時間ずつ日本語の勉強をしているそうだ。

④ 今回の期末テストは中間テストより難しそうだ。

3. 다음 (　　)안의 표현을 사용하여 해석에 맞게 문장을 완성하시오.

(1) 밤중에 비가 내린 모양이다. 땅이 젖어있다.

夜中に____________________。地面がぬれている。(ようだ)

(2) 저 사람은 운 것 같은 얼굴을 하고 있다.

あの人は____________________顔をしている。(ようだ)

(3) 마치 영화 같은 이야기이군요.

まるで____________________話ですね。(みたいだ)

(4) 다음 주에 여기서 불꽃 축제가 있다고 합니다.

来週、ここで________________________________。(そうだ)

(5) 빨리 낫고 싶으면 약을 먹는 편이 좋습니다.

早く____________________薬を飲んだほうがいいですよ。(ば)

4. 다음 문장을 한국어로 해석하시오.

(1) 記事によると、彼は初めて来日した時、日本の文化にとても感動したそうです。

⇒ ____

(2) 私ばかりが悪いみたいに言わないでよ。彼だって悪いんだから。

⇒ ____________________

(3) この病気は手術をすれば治るのでしょうか。

⇒ ____________________

(4) 猫が好きな人もいれば嫌いな人もいる。

⇒ ____________________

(5) シンガポールは物価さえ安ければ、とても住みやすいところです。

⇒ ____________________

5. 다음 문장을 일본어로 옮기시오.

(1) 그녀는 마치 인형처럼 예쁘다.

⇒ ____________________

(2) 그는 요즘 취업 활동으로 매우 바쁘다고 합니다.

⇒ ____________________

(3) 비가 오면 축구시합이 중지된다.

⇒ ____________________

(4) 일본어능력시험에 합격할 수 있도록 열심히 공부하자.

⇒ ____________________

(5) 좀 더 빨리 출발했다면 약속 시간에 맞출 수 있었을 텐데….

⇒ ____________________

5 体力がついてきました

<サークル活動について話している佐藤とユミ>

佐藤：お、ユミちゃん。サークル活動に興味あるって言ってたけど、決まった？

ユミ：早く決めたいけど、まだ迷っているんだよね。色んなサークルを見学してみたんだけど、それぞれいいところがあって…。

佐藤：たしかに、最初はどれも魅力的に見えるよね。僕も迷っていたんだ。でも、最終的にバスケットボール部に入ったんだ。

ユミ：バスケ部か！最近、試合で活躍しているって聞いてるよ。佐藤君が得点を決めているところを先輩が褒めてた。

佐藤：ありがとう！今はちょうど大会のシーズンだから、毎週試合が続いているんだよ。練習も毎日しているから、体力もついてきた。

ユミ：すごいね！私はそこまで運動が得意じゃないからバスケ部は無理かもしれないけど、体力あまりないし、私も毎日運動して体力つけないとね。

佐藤：あ、ユミちゃん、軽音部とかどう？音楽が好きだと言ってなかった？実は僕の友だちも軽音部に入っているんだけど、最近ギター上手になってきているって言ってた。

ユミ：実はこの前、軽音部の練習室のドアが開いていて、中覗いてみたんだけど、うん･･･、何か、楽器って難しそうだし、練習もたくさん必要なんだろうね。

佐藤：うん、友だちも最初は苦労していたけど、今は練習を重ねているからだんだん自信がついてきているみたいだよ。それに、演奏がうまくなると、ライブとかで目立てるし楽しいって言ってた。

ユミ：ライブかあ、やっぱり軽音部に入ったらそういう場があるんだね。何か新しいことに挑戦していい思い出を増やしたい。私に合うクラブ早く見つけたいな。

佐藤：いいじゃん！大学生活って、やっぱり色んな経験をするのが大事だと思うんだ。僕もバスケを続けていることで仲間が増えて、大学生活がさらに楽しくなっているよ。

ユミ：そうだね。佐藤くんの話を聞いて、私も何かやってみようかなって気持ちになってきたよ。

佐藤：それはいいことだね！色々挑戦して、合うサークルが見つかるといいね。

주요문형 및 표현
자동사와 타동사
～ている：～고 있다. (진행) / ～져 있다. (결과)

주요 단어	
迷う：헤매다, 망설이다	演奏：연주
決まる：정해지다	上手だ：능숙하다
決める：정하다	覗く：엿보다
魅力的：매력적	苦労する：고생하다
活躍する：활약하다	目立つ：눈에 띄다
体力がつく：체력이 붙다	重ねる：거듭하다
体力をつける：체력을 기르다	挑戦する ：도전하다

得意だ : 뛰어나다	増やす : 늘리다
軽音部 : 경음부(밴드부)	増える : 늘다
	仲間 : 동료, 친구

1 자동사와 타동사

(1) 자동사

일반적으로 대상을 나타내는 목적어인「を」격 명사를 취하지 않으며, 주어 스스로의 동작 또는 작용, 자연적인 힘에 의해 사태가 일어남을 나타내는 동사이다.

ex) 雨が降る (비가 오다) 子供が泣く (아이가 울다) お皿が割れる (접시가 깨지다)

ドアが閉まる (문이 닫히다) 本が並ぶ (책이 진열되다) 花が咲く (꽃이 피다)

(2) 타동사

일반적으로 대상을 나타내는 목적어인「を」격 명사를 취하여 주체의 동작이나 작용이「を」격 명사에 영향을 미치는 행위를 표현하는 동사이다. 주어가「を」격 명사로 사용되는 사람이나 사물에 어떠한 동작 및 작용을 행하고 있음을 표현할 때 사용하는 동사이다.

ex) 頭を殴る (머리를 때리다) ドアを叩く (문을 두드리다) 本を読む (책을 읽다)

ドアを閉める (문을 닫다) お皿を割る (접시를 깨다) 映画を見る (영화를 보다)

TIP 「を」격 명사를 취하지만 자동사로 분류되는 동사들 – 이동동사

「を」격 명사와 함께 사용되는 동사라도「を」격 명사가 대상이 아닌 장소나 통과점, 공간, 시간 등을 나타낼 때는 타동사가 아닌 자동사로 분류한다.

보통 이러한 동사들은 이동의 의미가 있어 '이동 동사' 라고 불린다.

ex) 空を飛ぶ。(하늘을 날다) 道を歩く。(길을 걷다) 部屋を出る。(방을 나오다)

＜그 외「を」를 취하지만 자동사인 동사들＞

~を登る(~을/를 오르다) ~を越える(~을/를 넘다) ~を泳ぐ(~을/를 수영하다)

~を渡る(~을/를 건너다) ~を通る(~을/를 통과하다) ~を離れる(~을/를 떠나다)

~を走る(~을/를 달리다) ~を卒業する(~을/를 졸업하다)

TIP 자·타동사 페어형 동사 중 자동사와 타동사 구별법

①「－す」로 끝나면 타동사인 경우가 많다.

ex) 服が汚れる－服を汚す (옷이 더러워지다 – 옷을 더럽히다)

結果が残る－結果を残す (결과가 남다 – 결과를 남기다)

病気が治る－病気を治す (병이 낫다 – 병을 치료하다)

②「－る」로 끝나는 자・타동사 페어형 동사의 경우, 2그룹 동사의 형태(「－eru」)가 타동사인 경우가 많다.

ex) 時間がかかる－時間をかける (시간이 걸리다 – 시간을 들이다)

内容が決まる－内容を決める (내용이 정해지다 – 내용을 정하다)

ドアが閉まる－ドアを閉める (문이 닫히다 – 문을 닫다)

TIP 자·타동사 페어형 동사 vs 자동사만 있는 동사 vs 타동사만 있는 동사

일본어의 자동사와 타동사는 동일한 어근을 공유하여 페어를 이루는 경우도 있으며, 자동사 혹은 타동사의 형태로만 존재하는 경우도 있다.

① 자동사와 타동사가 페어를 이루는 동사

(が)→(を)	(が)자 동 사	(を)타 동 사
(1) －aru → －eru	上(あ)がる 오르다 変(か)わる 바뀌다 閉(し)まる 닫히다 見(み)つかる 발견되다	上(あ)げる 올리다 変(か)える 바꾸다 閉(し)める 닫다 見(み)つける 발견하다
(2) －u → －eru	開(あ)く 열리다 立(た)つ 서다	開(あ)ける 열다 立(た)てる 세우다
(3) －u → －su	動(うご)く 움직이다 鳴(な)る 울다 沸(わ)く 끓다	動(うご)かす 움직이게 하다 鳴(な)らす 울리다 沸(わ)かす 끓이다
(4) －eru → －u	割(わ)れる 깨지다 折(お)れる 부러지다 切(き)れる 잘리다 焼(や)ける 구워지다	割(わ)る 깨다 折(お)る 부러뜨리다 切(き)る 자르다 焼(や)く 굽다
(5) －eru → －yasu	冷(ひ)える 차가워지다 増(ふ)える 늘다 燃(も)える 타다	冷(ひ)やす 차게 하다 増(ふ)やす 늘리다 燃(も)やす 태우다
(6) －eru → －asu	出(で)る 나오다 解(と)ける 녹다 冷(さ)める 식다 揺(ゆ)れる 흔들리다	出(だ)す 내다 解(と)かす 녹이다 冷(さ)ます 식히다 揺(ゆ)らす 흔들다
(7) －iru → －asu	伸(の)びる 늘다 生(い)きる 살다	伸(の)ばす 늘리다 生(い)かす 살리다

(8) －iru → －osu	起きる　일어나다 落ちる　떨어지다 降りる　내리다	起こす　일으키다 落とす　떨어뜨리다 降ろす　내려두다
(9) －reru → －su	壊れる　부서지다 汚れる　더러워지다	壊す　부수다 汚す　더럽히다
(10) －oru → －osu	起こる　발생하다 治る　낫다 残る　남다	起こす　발생시키다 治す　고치다 残す　남기다
(11) －ru → －seru	乗る　타다	乗せる　태우다
(12) 불규칙한 것	消える　꺼지다	消す　끄다

ex) 暑いから、窓を開けてくれない？(더우니까 창문 좀 열어줄래?)

風で窓が開いてしまった。(바람으로 창문이 열려버렸다.)

ex) 車がゆっくり動いた。(자동차가 천천히 움직였다.)

寒いときは体を動かしたほうがいいよ。(추울 때는 몸을 움직이는 편이 좋아.)

② 자동사만 있는 동사

: 대응하는 타동사 페어형 없이, 오직 자동사의 형태로만 사용되는 동사

ある(있다)	いる(있다)	歩く(걷다)	怒る(화내다)
光る(빛나다)	走る(뛰다)	泳ぐ(수영하다)	来る(오다)
行く(가다)	寝る(자다)	眠る(자다)	死ぬ(죽다)

ex) 夜空に星が美しく光っている。(밤하늘에 별이 아름답게 빛나고 있다.)

赤ちゃんがすやすや寝ている。(아기가 새근새근 자고 있다.)

③ 타동사만 있는 동사

: 대응하는 자동사 페어형 없이, 오직 타동사의 형태로만 사용되는 동사

言(い)う(말하다)	待(ま)つ(기다리다)	持(も)つ(들다)	考(かんが)える(생각하다)
読(よ)む(읽다)	書(か)く(쓰다)	食(た)べる(먹다)	飲(の)む(마시다)
蹴(け)る(차다)	投(な)げる(던지다)	打(う)つ(치다)	聞(き)く(묻다, 듣다) 등

ex) 音楽(おんがく)を聞(き)きながら手紙(てがみ)を<u>書(か)い</u>た。(음악을 들으면서 편지를 썼다.)

おもいっきりボールを<u>投(な)げ</u>た。(힘껏 공을 던졌다.)

2 「~ている」: '~고 있다 / ~져 있다'

해당동사에 사용되어 「~고 있다」라는 진행의 의미 혹은 「~져 있다」라는 결과의 의미를 나타낸다.

ex) 台風(たいふう)のせいで、この建物(たてもの)の5階(かい)の窓(まど)ガラスはすべて割(わ)れている。

(태풍 탓으로, 이 건물 5층 유리창은 모두 깨져 있다.)

日本(にほん)は三日間(みっかかん)もずっと雨(あめ)が降(ふ)っている。(일본은 3일이나 계속 비가 내리고 있다.)

ex) A : もしもし、木村君(きむらくん)、何(なに)してる？(여보세요, 기무라군, 뭐해?)

B : 今、ごはん食(た)べてるよ。(지금, 밥 먹고 있어.)

「~ている」가 진행의 의미로 해석될지, 결과의 의미로 해석될지는 사용되는 동사의 속성에 따라 다르며, 「계속동사+ている」는 진행의 의미로, 「순간동사+ている」는 결과의 의미로 해석된다.

TIP 계속동사 vs 순간동사

① **계속동사** : 어떠한 행위나 사태 등이 일정 폭 혹은 기간 동안 계속적으로 일어 날 수 있는 동사

食べる, 飲む, 叩く, 読む, 見る, 書く 등 타동사 대부분 降る, 泣く, 走る, 歩く, 泳ぐ 등의 자동사

그러므로 계속동사는「30分間」「~の間」등, 일정 기간 혹은 폭을 나타내는 표현과 같이 쓰일 수 있는 특징을 보인다.

ex) 30分間走った / 30分間泳いだ / 30分間本を読んだ 등

② **순간동사** : 순간적으로 동작 혹은 사태가 성립하는 동사

死ぬ, 落ちる, 割れる, 帰る, 来る, 行く 등의 자동사

그러므로 순간동사는 일정 기간 혹은 폭을 나타내는 표현과 같이 쓰이기 어려운 특징을 보인다.

ex) (?)30分間死んだ / (?)30分間落ちた / (?)30分間割れた 등

TIP 「ている」가 사용될 수 없거나, 늘 「ている」가 사용되어 '속성'을 나타내는 동사

①「ている」가 사용될 수 없는 동사 : 존재를 나타내는 ある, いる

② 항상「ている」와 함께 사용되어 형용사로서의 의미를 나타내는 동사 : 澄む, とがる

ex) 水が澄んでいる / 角がとがっている

① 계속동사 +「ている」

a. '～고 있다'로 해석되어 진행의 의미를 나타낸다.

ex) パンを食べている。(빵을 먹고 있다.)

水を飲んでいる。(물을 마시고 있다.)

雨が降っている。(비가 내리고 있다.)

子供が泣いている。(아이가 울고 있다.)

b. 전후 문맥에 따라 경험, 습관 등 진행 이외의 해석을 나타낼 수도 있다.

ex) あの映画はもう三回も見ている。(저 영화는 벌써 세 번이나 보았다.) – 경험

→ 부사「もう」가 사용되어 경험의 해석을 만든다.

cf) 이 경우,「映画を見ている」처럼 특정 표현「もう」를 취하지 않았다면, '영화를 보고 있다'라는 진행의 의미로 해석되었을 예문이다.

ex) 私は毎朝8時に朝ごはんを食べている。

(나는 매일 아침 8시에 아침밥을 먹는다.) – 습관

→ 특정 주기를 나타내는「毎朝」가 동반되어 습관의 해석을 만든다.

cf) 이 경우, 특정주기를 나타내는「毎朝」가 없이「ごはんを食べている」로 사용되었다면 '밥을 먹고 있다'라는 진행상의 의미로 해석되었을 예문이다.

② 순간동사 +「ている」

a. '～어(져) 있다'로 해석되어 결과의 의미를 나타낸다.

ex) 犬が死んでいる。(개가 죽어 있다.)

ひもが切れている。(끈이 끊어져 있다.)

電気が消えている。(전기가 꺼져 있다.)

ドアが閉まっている。(문이 닫혀 있다.)

地面が割れている。(땅이 갈라져 있다.)

b. 계속되는 행위의 가능성을 시사하는 문맥이 동반되면 진행의 의미를 나타낼 수도 있다.

ex) 桜の花が*ひらひらと*落ちている。(벚꽃이 팔랑팔랑 떨어지고 있다.) – 진행상

ドアが*ゆっくりと*閉まっている。(문이 천천히 닫히고 있다.) – 진행상

TIP 동사의 자·타와 「ている」의 연관성

1) 타동사 +「ている」

타동사의 대부분 '계속동사'이기에 특정 전후문맥이 동반되지 않는 한, 타동사 +「ている」는 대부분 '진행'의 의미를 나타낸다.

ex) 本を読んでいる　窓を開けている

단, 신체의 동작과 관련 있는 일부 타동사에 「ている」가 접속되는 경우 '~고 있다'의 해석을 나타내지만 '결과'로 해석되기도 하기에 주의해야 한다.

ex) 手を挙げている。(손을 들고 있다.)

帽子をかぶっている。(모자를 쓰고 있다.)

服を着ている。(옷을 입고 있다.)

2) 자동사+「ている」

자동사는 타동사와 달리 '계속동사'를 나타내는 경우와 '순간동사'를 나타내는 경우가 존재하므로 자동사에「ている」가 접속된 문의 해석을 할 때 사용된 자동사의 속성을 파악하는 것이 중요하다.

ex) おもちゃが壊(こわ)れている。(장난감이 부서져 있다.)

→ 壊(こわ)れる：자동사이면서 순간동사 / 壊(こわ)れている：'결과'의 의미

ex) 学生(がくせい)たちが笑(わら)っている。(학생들이 웃고 있다.)

→ 笑(わら)う：자동사이면서 계속동사 / 笑(わら)っている：'진행'의 의미

TIP 「太郎は家に帰っている」는 결과? 진행?

다른 문맥이 동반되어 있지 않은 위 문장만 놓고 본다면 '다로는 집에 돌아와 있다' 라는 결과상으로 해석되는 것이 일반적이다. 그것은 동사 「帰る」의 경우, 「走る」「歩く」 등의 계속동사와 달라서 일정 목적지에 도착해야만 해당동작이 순간적으로 성립하는 전형적인 순간동사로 분류되기 때문이다.

「来る」「行く」등도 대표적인 순간동사들로, 「来ている」「行っている」 모두 결과상인 '와 있다', '가 있다'로 해석되는 경우가, 보다 일반적이다.

그러면, '돌아오고 있다', '오고 있다', '가고 있다'는 일본어로 어떻게 표현할까?

「帰っている」「来ている」「行っている」는 모두 '돌아와 있다', '와 있다', '가 있다'라는 결과상으로 해석되기 쉽다. 따라서 진행상의 문장을 만들고 싶다면 아래와 같이 표현한다.

ex) 彼は家に帰っているところだ。(그는 집에 돌아오고 있다.)

彼は家に向かっている。(그는 집에 오고 있다. / 그는 집에 가고 있다.)

→ 동사「来る」나「行く」가 술어인 경우,「来ているところだ(途中だ)」나「行っているところだ(途中だ)」등의 문장보다는「~に向かっている(~로 향하고 있다)」의 형태를 쓰는 것이 자연스럽다.

TIP 「~ている」 표현이 한국어의 과거형으로 해석되는 경우

일본어의 「~ている」표현은 한국어의 '~고 있다' 혹은 '~어 있다'로 해석되는 경우가 많지만, 경우에 따라 과거형으로 해석되는 경우도 있다.

ex1) 彼女は結婚している。(그녀는 (미혼이 아니라 이미) 결혼했다.)

ex2) 私は父と似ている。(나는 아빠랑 닮았다.)

특히 예문 ex1)의 경우, 그녀가 이미 결혼을 했다는 '기혼'상태임을 의미한다. 만약 '나는 2년 전에 결혼했다'와 같이 결혼한 시점이 과거임을 나타내는 표현이라면 「私は2年前、結婚した」로 과거형을 사용하여야 하므로 주의할 필요가 있다. 이 경우, 현재 '기혼'상태인시의 여부는 알 수 없다.

연 습 문 제

1. [ ] 안의 동사를 사용하여 적당한 형태로 바꾸어 문장을 완성하시오.

(1) [落ちる・落とす]

① 古い橋が風で崩れて、石が _________。

② 子供が高い場所からおもちゃを _________。

(2) [焼ける・焼く]

① 魚が _________まで、もう少し待ってください。

② ピザを _________前に、オーブンを予熱してください。

(3) [閉まる・閉める]

① 映画が始まりますから、ドアを _________てください。

② ドアが _________ますのでご注意ください。

(4) [動く・動かす]

① コンピュータのマウスを _________と、画面が反応する。

② 時計の針が _________音が聞こえる。

(5) [止まる・止める]

① 火事の原因を調査するために、すべての機械を _________。

② 交通信号が赤に変わり、車が_________。

(6) [消える・消す]

① 部屋を出る時は、必ず電気を _________ てください。

② ライトが _________ と、部屋が真っ暗になる。

(7) [入る・入れる]

① カメラのメモリーカードをスロットに _________ てください。

② 満員のとき、エレベーターに _________ のは控えたほうがいい。

(8) [育つ・育てる]

① 彼はいい教育を受けて、立派な大人に _________。

② この地域の特産品を _________ ために、新しい技術を導入した。

2. 다음 중 사용이 바른 문장을 하나 고르시오.

(1) ① スーツケースをトランクに乗ってください。

② 料理が熱すぎるので、少し冷やしてから食べよう。

③ 舞台の幕が開けて、公演が始まった。

④ ボールを落ちないように注意して。

(2) ① エアコンのスイッチをついてもいいですか。

② 新しいレストランを街で見つかった。

③ 暖かくなり、氷が全部溶けてしまった。

④ テストを始まってください。

3. 다음 중 밑줄 친「～ている」부분의 해석이 같은 것끼리 페어로 묶어보시오.

① 太郎は家に帰っている。　② 猫が死んでいる。

③ 桜の花がひらひらと落ちている。　④ コートを着ているから寒くないよ。

⑤ ゆりちゃんはコーヒーを飲んでいる。

4. 다음 밑줄 친 부분이 부자연스러운 문장을 모두 고르시오.

① 彼女は3年前結婚している。

② 私は父より母に似ているとよく言われる。

③ エレベーターが途中で止めた。

④ 機械が動かさないので、修理が必要です。

⑤ ろうそくが風で消えてしまった。

5. 다음 문장을 한국어로 해석하시오.

(1) 彼女は試験の問題を全て解いた後、ほっと一息つきました。

⇒

(2) 風邪の時は、この粉薬をお湯に溶かして飲んでください。

⇒

(3) ペンチを使うと、太いワイヤーも簡単に切れる。

⇒

(4) このジャケットはボタンが3つも取(と)れている。

⇒ ______________________________

(5) 彼女(かのじょ)はいつも黒色(くろいろ)の服(ふく)ばかり着(き)ている。

⇒ ______________________________

(6) メッセージが次々(つぎつぎ)と届(とど)いている。

⇒ ______________________________

6. 다음 문장을 일본어로 옮기시오.

(1) 다리미로 셔츠가 탈 수 있으니 주의해 주세요.

⇒ ______________________________

(2) 내가 방에 들어갔을 때, 텔레비전이 켜져 있었다.

⇒ ______________________________

(3) 교통사고로 다리가 부러져 버렸다.

⇒ ______________________________

(4) 바람에 흔들리는 나무의 모습이 아름답다.

⇒ ______________________________

(5) 시계가 멈춰있어 지각할 뻔했다.

⇒ ______________________________

6 妹と行くならテーマパークでしょう

＜図書館の前で田中先輩と会ったユミ＞

ユミ：田中先輩、おはようございます。今ちょっと時間大丈夫ですか？

田中：うん、いいよ。何?

ユミ：年末、韓国から妹が日本に来ることになって、大阪に行くことにしたんですよ。この間、先輩も確か関西旅行に行ってきたという話を聞いたので、観光スポットとかいろいろ聞きたくて。

田中：そっか。いいよ。

ユミ：東京から新幹線で大阪まで行くにはどうしてもお金がかかるから、夜行バスに乗ろうと思っているんですけど大丈夫ですかね。

田中：実はこの間、夜行バスで大阪まで行ってきたけど、確か新幹線よりバスの方が半額近く安かった。でも夜9時ごろ出発して翌朝着くから疲れがたまった感じでちょっと大変だった。でもやっぱり費用を考えるなら、夜行バスも選択肢になると思うよ。

ユミ：そうですね。もう少し考えてみます。それから、大阪でお勧めのところってありますか。

田中：妹と行くならやっぱりテーマパークでしょう。USJ楽しかったな。でも、年末はものすごく込む時期だし、USJ行くなら、エクスプレスパス購入は必須かも。(ケイタイでサイトを検索して）あ、これ見て。このエクスプレスパスを使うと、三つのアトラクションに、待ち時間なしで乗ることができる。ここに書いてあるよね。

ユミ：うわ！でも値段が高い！迷っちゃいますね。開場一時間前に行って並べれば、人気アトラクション一つぐらいは待たずに乗れるかもしれませんね。

田中：開場時間とか確認したの？

ユミ：開場時間ならUSJホームページを見て、もう調べてあります。

田中：あ、それから大阪から京都まで電車で30分ぐらいしかかからないから、京都も行ってみたら？街を歩くだけでも癒される気がして、とてもよかった。

ユミ：にぎやかな大阪もいいけど、ゆったりした京都も行ってみたかったんです。あとで京都のお勧めのカフェとか教えてくださいね。

주요문형 및 표현
なら：～라면
～てある：～어져 있다. (결과의 의미), ～해 놓은 상태이다. (준비상황, 효력지속의 의미)

주요단어
観光スポット : 관광할 만한 곳
新幹線 : 신칸센(일본 고속전철)
夜行バス : 야행버스
半額 : 반액
翌朝 : 다음 날 아침
着く : 도착하다
疲れがたまる：피곤이 쌓이다
選択肢 : 선택지
テーマパーク : 테마파크, 놀이공원
込む : 붐비다
待ち時間 : 대기시간
人気アトラクション : 인기 어트랙션
癒す : 치유하다, 힐링하다

1 「なら」: '~(하)면'

◈ 「なら」의 접속방법

	종 류	접속방법	긍 정	부 정
なら	동 사	사전형+なら	行くなら	行かないなら
	い형용사	사전형+なら	おいしいなら	おいしくないなら
	な형용사	어간+なら	好きなら	好きで(じゃ)ないなら
	명 사	+なら	その話なら	その話で(じゃ)ないなら

(1) 사용상의 특징

① 「と」「ば」「たら」의 경우, 전건은 후건보다 시간적으로 선행하는 사태여야 하는 특징이 있지만 「なら」의 경우는 이러한 시간적 전후관계를 반드시 요구하는 것은 아니며, 후건이 전건보다 시간적으로 선행하는 사태가 사용되어도 무방하다.

ex) 日本へ行くなら、お寿司を食べましょう。(일본에 간다면 (거기 가서) 초밥을 먹자.)

→ 전건「日本へ行く」가 후건「お寿司を食べる」보다 시간상으로 선행하는 경우임.

日本へ行くなら電話してね。(일본에 갈 거라면 (미리) 전화해 주렴.)

→ 전건「日本へ行く」보다 후건「電話する」가 시간상으로 선행하는 경우임.

② 「~たら」처럼 후건에 의지, 희망, 명령 등의 표현이 와도 사용 가능하다.

ex) せっかく日本に行くのなら、温泉に入りたい。

(모처럼 일본에 간다면 온천에 들어가고 싶다.)

パーティーに参加するなら、10時までに到着してください。

(파티에 참가할 거면, 10시까지는 도착해 주세요.)

(2) 용법

① '그렇다면' 또는 '~라면'으로 해석되어, 앞의 주제를 받아서 새로운 제안이나 답을 할 때 사용한다.

ex) A : 大阪に行って、美味しいたこ焼き食べたいな。

(오사카에 가서 맛있는 타코야키 먹고 싶어.)

B : 美味しいたこ焼きなら、私のお勧めのお店があるよ。

(맛있는 타코야키 라면 내가 추천하는 가게가 있어.)

ex) A : エアコンが壊れちゃって、夜、寒すぎて寝られないよ。

(에어컨이 고장나서 밤에 추워서 잠을 잘 수가 없어.)

B : それなら、湯たんぽでも使ってみたらどう？

(그렇다면 보온 물주머니라도 사용해 보면 어때?)

② '만약~라면'으로 해석되어, 특정 조건을 가정하여 상황을 이야기할 때 사용한다.

ex) A : その映画、まだ見てないなら一緒に見ようよ。(그 영화 아직 안 봤다면 같이 보자.)

B : うん！気になってたから、ちょうどいいね。(응! 궁금했는데 딱 좋네.)

ex) A : 山田さんが来るなら、みんなでお祝いしよう。

(야마다 씨가 온다면 다 같이 축하하자.)

B : そうだね、準備しておこう。

(그래, 준비해 두자.)

③ 조언이나 추천의 의미로 정보의 확인 및 권유를 할 때 사용한다.

ex) A : 北海道に行く予定なんだけど、何かお勧めある？

(홋카이도에 갈 예정인데, 뭔가 추천할 만한 거 있어?)

B : 冬(ふゆ)に行(い)くなら、温泉(おんせん)とスキーがいいと思(おも)うよ。

(겨울에 간다면 온천과 스키가 좋을 것 같아.)

A : 美味(おい)しいラーメンが食(た)べたいんだけど、どこがいいかな？

(맛있는 라면을 먹고 싶은데, 어디가 좋을까?)

B : 新宿(しんじゅく)に行(い)くなら、あの有名(ゆうめい)な店(みせ)に行(い)ってみたら？

(신주쿠에 간다면 그 유명한 가게에 가봐.)

④ 「～た(の)なら」의 형태로 사용되어, 현실에 반대되는 가정을 나타낼 수 있다. 주로 후회나 상상을 표현할 때 사용한다.

ex) 彼(かれ)がもっと努力(どりょく)したなら、今頃成功(いまごろせいこう)していたでしょう。

(그가 좀 더 노력했더라면, 지금쯤 성공했을 것입니다.)

(3) 사용상의 제약

① 자연적으로, 혹은 당연히 일어나는 일, 반복적인 사태 등을 나타내는 경우 사용이 어렵다.

ex) *夜(よる)になるなら、暗(くら)くなる。

*春(はる)になるなら、花(はな)が咲(さ)く。

*夏休(なつやす)みになるなら、いつも海(うみ)へ行(い)く。

② 「と」「たら」의 경우에는 정중을 나타내는 말과 접속이 가능하지만, 「なら」는 정중을 나타내는 말 「です」「ます」체에는 거의 사용되지 않는다.

ex) まっすく行きますと、左側に銀行があります。

(곧장 가시면 왼쪽에 은행이 있습니다.)

家族関係のわかる書類がありましたら、お持ちください。

(가족관계를 알 수 있는 서류가 있으면 가져오십시오.)

*今から行きますなら、準備が必要です。

(→ 今から行くなら、準備が必要です。)

(지금부터 갈 거라면 준비가 필요합니다.)

③ 후건으로 과거사실이 올 수 없다.

ex) *辞書を引くならわかりました。

*家に帰るなら電気がついていた。

2 「~てある」: '~되어 있다, ~해 둔 상태이다'

① 「Aが＋ 타동사 ＋ てある」: 「A가 ~되어 있다」 - 결과 지속의 의미

어떠한 '대상'이 '~어 있다' 라는 결과 지속의 의미를 나타내며, 타동사만이 술어로 사용될 수 있다. 보통 현재 눈으로 관찰할 수 있는 상황을 묘사하는 경우에 많이 사용된다.

ex) テーブルの上に本が置いてある。(테이블 위에 책이 놓여 있다.)

手紙には「さようなら」と書いてある。(편지에는 '안녕'이라고 쓰여 있다.)

食べやすいように、麺が切ってある。(먹기 쉽도록 면이 잘라져 있다.)

テーブルの上には料理が並んであるので、すぐに食べられる。

(테이블 위에 요리가 나란히 놓여 있어 즉시 먹을 수 있다.)

② 「BがAを / は + 자・타동사 + てある」: 「B가 A를 / 는 ~해 둔 상태이다」
- 효력의 지속 및 준비상황

동작주인 B가 어떠한 조치를 취해 둔 것에 대한 효력의 지속 및 동작주가 준비를 미리 해 둔 상태임을 나타내는 용법으로, 「BがAを / は+ 자・타동사 +ておいた」로 치환 가능하며, 보통 동작주인 「B」는 생략되는 경우가 많다.

ex) 今晩あるパーティーのため、飲み物をたくさん買ってある (= 飲み物をたくさん買っておいた)。(오늘 밤 있을 파티를 위해 음료수를 많이 사 놓은 상태이다.)

明日の家族旅行のために、ホテルを予約してある(=ホテルを予約しておいた)から、安心してね。(내일 가족 여행을 위해 호텔도 예약해 두었으니까 걱정 마.)

今夜の夕食に友だちが来るから、テーブルにお皿やフォークを並べてある(=並べておいた)。あとはメイン料理だけ準備すれば大丈夫だね。
(오늘 밤 저녁 식사에 친구가 올 거라서 테이블에 접시랑 포크를 놓아 두었어.
이제 메인 요리만 준비하면 괜찮겠지.)

TIP 페어를 이루는 자동사와 타동사에서의 「타동사+てある」와 「자동사+ている」간 의미의 차이

開ける- 開く, 閉める- 閉まる, つける-つく 처럼 자・타페어를 이루는 동사들이 술어로 사용되는 경우, 「타동사+てある」와 「자동사+ている」의 형태를 취해 결과 지속을 나타낼 때, 아래와 같은 의미의 차이가 생길 수 있으니 주의해야 한다.

① **「A(대상명사)が＋V(타동사)＋てある」**

: '동작주가 어떠한 의도나 목적 때문에 해당 행위를 하여 그러한 결과가 되어있다' 라는 것을 강조하는 결과상의 의미.

ex) ドアが開(あ)けてある。(문이 열려 있다.)

→ 누군가가 문을 열어놓은 결과 문이 열려 있는 상태에 있다는 것을 강조하는 표현. 즉, 동작주가 문을 연 결과 열린 상태에 있게 되었음을 강조하는 표현이 됨.

② **「A(대상명사)が＋V(자동사)＋ている」**

: 동작주가 해당 행위를 하였다는 전제는 암시하지 않고 단순히 눈앞에 보이는 결과 자체만 객관적으로 묘사하기 위해 사용하는 표현.

ex) ドアが開(あ)いている。(문이 열려 있다.)

→ 누군가가 문을 열었는지, 혹은 자연적으로 문이 열렸는지 상관없이 현재 문이 열려 있음에 초점을 둔 표현. 즉, 동작주가 행한 행위의 여부는 문제 삼지 않고, 현재 문의 상태만을 강조한 표현이 됨.

※ 書(か)く、置(お)く처럼 대응하는 자동사의 페어가 존재하지 않는 동사의 경우, 「타동사＋てある」의 형태를 취했다 할지라도, 동작주가 어떠한 의도나 목적 때문에 해당 행위를 하여 그러한 결과가 되어 있음을 강조하는 결과 지속의 의미를 나타낸다고는 보기 어렵다.

ex) この地図(ちず)には、目的地(もくてきち)までの行(い)き方(かた)が詳(くわ)しく書(か)いてあります。

(이 지도에는, 목적지까지 가는 방법이 자세히 쓰여 있습니다.)

テーブルの上(うえ)に、ノートが置(お)いてあります。

(테이블 위에, 노트가 놓여 있습니다.)

즉, 「타동사＋てある」와 「자동사＋ている」가 나타내는 상기와 같은 의미의 차이는 주로, 자・타페어를 이루는 동사들이 술어로 사용될 때 현저하게 나타난다.

연 습 문 제

1. 다음 밑줄에 들어갈 가정표현을 고르시오.

(1) 山へ ______、セーターを持って行ったほうがいいですよ。

① 行くなら　② 行ったら　③ 行けば　④ 行くと

(2) あの映画を ______、夜の時間帯がいいと思うよ。

① 見ると　② 見れば　③ 見るなら　④ 見たら

(3) ごはんが ______、呼んでくださいね。

① できたら　② できるなら　③ できれば　④ できると

(4) 明日引っ越し ______、今日は早く寝たほうがいいと思う。

① するなら　② したら　③ すると　④ せば

2. 주어진 해석에 맞도록 괄호 안에 들어갈 알맞은 표현을 쓰시오.

(1) 혼자 집에 돌아와도 쓸쓸하지 않도록 방에는 이미 불이 켜져 있었다.

⇒ 一人で家に帰っても寂しくないように、部屋にはすでに電気が _______。

(2) 졸업여행을 갈 장소는 이미 답사를 가 둔 상태이다.

⇒ 卒業旅行の場所にはもう下見に _________。

(3) 맥주를 마실 거라면 저 가게가 좋습니다.

⇒ ビールを _________、あの店がいいです。

(4) 거실에 갔더니 피곤한 나를 배려해서인지, 이미 빈 페트병이 정리되어 상자에 담겨 있었어.

⇒リビングに行ったら、疲れている私に気を遣ってくれたのか、すでに空のペットボトルがきちんと分別され箱に＿＿＿＿＿＿＿＿。

(5) 도움이 필요하다면, 언제든 말해 주세요.

⇒手伝いが ＿＿＿＿＿＿、いつでも言ってくださいね。

3. 다음 문장의 밑줄 친 단어를 「と」「ば」「たら」「なら」에 접속하여 조건문 혹은 가정문으로 만드시오. (밑줄 친 단어는 활용 가능)

(1) この前のセールで服をまとめて買う、追加で10%オフにしてくれた。

買う → ＿＿＿＿＿＿＿＿＿＿＿＿＿

(2) 成績が落ちたと後悔ばかりしないで、そんなに勉強が大変だ、今やっているバイトをやめたほうがいいんじゃない？

大変だ → ＿＿＿＿＿＿＿＿＿＿＿＿＿

(3) もっと早く寝る、朝、起きるのが楽だったのに。

寝る → ＿＿＿＿＿＿＿＿＿＿＿＿＿

(4) A: 温泉、どこが一番おすすめ？

B: 草津温泉がいいよ。水質もいいし、リラックスできるよ。

温泉 → ＿＿＿＿＿＿＿＿＿＿＿＿＿

4. ①~⑥중에서 바르게 사용된 문장을 모두 찾으시오.

① 友だちが来ると、一緒に料理を作りたいです。

② このボタンを押すなら、機械が動きます。

③ 挑戦する人が1人でもいれば、このプロジェクトは実行できます。

④ テーブルの上にきれいに洗っているコップがあります。

⑤ パスポートが必要なら、持っていきます。

⑥ 寒いと思ったら、窓が開いてある。

5. 다음 문장을 한국어로 해석하시오.

(1) 彼の部屋に入ると、壁にたくさんの写真が飾ってあった。

⇒ ______________________________

(2) 海外旅行に行くなら、保険に入っておいたほうが安心ですよ。

⇒ ______________________________

(3) 急に雨が降っても大丈夫なように、玄関には常に傘が置いてある。

⇒ ______________________________

(4) どうせやるなら、もっと楽しくやりましょう。

⇒ ______________________________

(5) あの日、私が一緒に行っていたなら、こんなことにはならなかっただろう。

⇒ ______________________________

6. 다음 문장을 일본어로 옮기시오.

(1) 좀 더 일찍 눈치챘더라면, 그를 도왔을지도 몰라.

⇒ ______________________________

(2) 테이블 위에 음료가 준비되어 있어요.

⇒ ______________________________

(3) 공원에 갔더니 우연히 친구를 만났다.

⇒ ______________________________

(4) 파티에 참석하지 못할 거라면 사전에 연락해 주십시오.

⇒ ______________________________

(5) 이 책을 읽을 거면 처음부터 읽는 게 좋아.

⇒ ______________________________

(6) 문 앞에는 '출입금지' 라고 붙어 있었다.

⇒ ______________________________

7 早めに計画を立てたほうがいい

＜大学で話し合っているユミとゆき＞

ユミ：ゆきちゃん、ちょっと相談があるんだけど。

ゆき：うん、どうしたの？

ユミ：来月、韓国から友達が遊びに来るから、今観光プランを考えてるの。

ゆき：へえ、楽しみだね！東京に来るの？

ユミ：そうそう。でも観光地が多すぎてどこがいいのか分からなくて。

ゆき：浅草とかお台場はやっぱり人気があるらしいよ。特に、浅草は日本らしい雰囲気を楽しめるからいいかもしれないね。

ユミ：なるほど。でも、人が多いと疲れちゃうかも。

ゆき：そうだね。少し静かなところに行くのもいいかもしれない。鎌倉とか、日帰りで行けるし。

ユミ：鎌倉？お寺とか神社があるところだっけ？

ゆき：そうそう。それに、食べ歩きもできるから楽しいと思うよ。でも、行くなら早めに計画を立てたほうがいいね。人気の場所だから込むことが多いからね。

ユミ：そうだよね。ありがとう。それと夕食もどこかで食べたいんだけど、何がお勧め？

ゆき：お好み焼きとか回転寿司はどう？みんなでワイワイできるから楽しいと思うよ。

ユミ：それいいね！早めにお店も予約したほうがいいかな。

ゆき：うん、それがいいと思うよ。最近、どこも予約が必要らしいからね。

ユミ：分かった。色々教えてくれてありがとう！

주요문형 및 표현
だろう：~일거야, ~일 것이다.
でしょう：~이겠지요, ~일 것입니다.
かもしれない：~일 지도 모른다.
~たほうがいい：~하는 편이 좋다. (어드바이스)
らしい：(소문, 다른 이에게서 들은 내용 등에 의하면) ~인 것 같다.

주요 단어	
相談(そうだん)：상담	お寺(てら)：절
観光(かんこう)プラン：관광 계획	神社(じんじゃ)：신사
観光地(かんこうち)：관광지	計画(けいかく)：계획
人気(にんき)：인기	夕食(ゆうしょく)：저녁밥
雰囲気(ふんいき)：분위기	お好(この)み焼(や)き：오코노미야키
日帰(ひがえ)り：당일치기	回転寿司(かいてんずし)：회전초밥
	ワイワイする：떠들석하(게 놀)다

1 「だろう」：'~이겠지, ~일 것이다'

어떤 일에 대해 사실 판단의 정보가 불확실 할 경우에 말하는 이가 단정을 피하여 이야기할 때에 쓰이는 추량의 표현이다. 과거, 현재, 미래에 대한 추측을 나타내며 정중형으로「でしょう(~일 것입니다, ~이겠지요)」가 사용된다.

◈「だろう」의 접속방법

	긍 정	부 정	과 거	과거부정
동 사	行くだろう	行くかないだろう	行っただろう	行かなかっただろう
い형용사	おいしいだろう	おいしくないだろう	おいしかっただろう	おいしくなかっただろう
な형용사	元気だろう	元気じゃないだろう	元気だっただろう	元気じゃなかっただろう
명 사	日本人だろう	日本人ではないだろう	日本人だっただろう	日本人ではなかっただろう

◎ 용례

ex) たぶん金さんは明日来るだろう。(아마도 김씨는 내일 오겠지.)

このカードはおそらく使えないでしょう。(이 카드는 아마도 쓸 수 없겠지요.)

それはきっと彼の思い違いだろう。(그것은 필시 그의 착각일 테지.)

おそらく山田さんはもう日本に帰ったでしょう。

(아마도 야마다씨는 벌써 일본에 돌아갔겠지요.)

「だろう」는 위의 예처럼「たぶん・おそらく(아마)・きっと(틀림없이)」와 같은 부사를 동반하는 경우가 많다. 회화체에서「だろう」는 주로 남성이 쓰며「でしょう」는 남녀 모두 사용하는데 여성이 더 많이 사용하는 경향이 있다. 특히「でしょう」는 뉴스의 일기예보에서 자주 들을 수 있는 표현이다.

ex) 明日は午前中は雨、午後になったら晴れるでしょう。

(내일 오전은 비, 오후가 되면 맑겠지요.)

TIP 상승조 억양과 하강조 억양의「でしょう」의 차이

① 하강조 억양의「でしょう」: 추측을 나타내는 서법표현으로 사용됨

ex) 明日は雨が降るでしょう↓。(내일은 비가 오겠습니다.)

② 상승조 억양의「でしょう」: 확인이나 동의를 구하는 의미로 사용됨

ex) さくら：さっき先生に「おつかれさま」って言ったでしょう↑。
ちょっと失礼な気がするよ。
(좀 전에 선생님께「수고하셨어요」라고 했지? 좀 실례되는 말인 것 같아.)
金：えっ、そうなの。知らなかった。(아, 그런 거야? 몰랐어.)

ex) 田中君がさきに帰るの、鈴木さんも見たでしょう↑。
(다나카군이 먼저 돌아가는 거, 스즈키씨도 봤죠? (그렇죠?))

cf) 하강조이지만 추측의 의미가 아닌 비난의 의미로 쓰이는 경우도 있다.

ex) 弟：また試験に落ちちゃった。(또 시험에 떨어졌어.)
兄：だから、もっとしっかり勉強しなさいって言ったでしょう↓。
(그러니까 좀 더 열심히 공부하라고 했잖아!)

TIP「でしょう」는「だろう」의 단순한 정중어?

「でしょう(~이겠지요)」는「だろう(~이겠지, ~일거야)」의 정중체이기는 하나 손윗사람이나 친하지 않은 사람에게 쓰면 건방진 말투로 들릴 수 있으므로 사용하지 않는 편이 좋다. 잘못 사용되고 있는 예로는 다음과 같은 경우를 들 수 있다.

ex) 先生：(出席をとった後) 田中君、来ないね。どうしたのかな。
(다나카군이 안 왔네, 무슨 일일까?)
学生：(?)もうすぐ来るでしょう。(곧 오겠지요.)

학생의 입장에서는 조금 있으면 올 것이라는 의미를 전달하기 위해, 또한 손윗사람인 선생님에게 하는 말로서「でしょう」라는 정중형을 사용했으므로 문제가 없다고 생각할 수 있으나 손윗사람에게는 사용을 피하는 것이 좋다. 위의 경우라면「もうすぐ来ると思います」 정도로 사용하는 것이 무난하다.

2 「かもしれない」: '~일 지도 모른다'

말하는 사람의 주관적인 판단을 전할 때 사용하는 표현으로 확실하지는 않지만 아마도 그럴 가능성이 있다는 것을 이야기 할 때에 쓴다. 회화체에서는「かもしれない」의「しれない」가 생략되어「かも」의 형태로만 사용되어 추량의 의미를 나타내기도 한다.

◈ 「かもしれない」의 접속방법

	긍 정	부 정	과 거	과거부정
동 사	行くかもしれない	行かないかもしれない	行ったかもしれない	行かなかったかもしれない
い형용사	おいしいかもしれない	おいしくないかもしれない	おいしかったかもしれない	おいしくなかったかもしれない
な형용사	元気かもしれない	元気ではないかもしれない	元気だったかもしれない	元気ではなかったかもしれない
명 사	日本人かもしれない	日本人ではないかもしれない	日本人だったかもしれない	日本人ではなかったかもしれない

◎ 용례

ex) 鈴木さんはこの頃忙しいから、来ないかもしれません。

(스즈키씨는 요즘 바쁘니까 오지 않을지도 모릅니다.)

このカフェは1階より2階のほうが静かかもしれない。

(이 카페는 1층보다 2층 쪽이 조용할지도 몰라.)

この仕事は思ったより時間がかかるかもしれない。

(이 일은 생각보다 시간이 걸릴지도 몰라.)

ex) A：あの人が校長先生かもしれないね。(저 사람이 교장 선생님일지도 몰라.)

B：そうかも。(그럴지도.)

> **TIP** 「かもしれない」와 함께 자주 쓰이는 부사
>
> 「かもしれない」는 '실현 가능성은 낮지만 그럴 가능성이 있다' 라는 한국어의 부사 '어쩌면' 에 해당하는「ひょっとすると(したら)・もしかすると(したら)」와 같은 부사를 동반하여 사용되는 경우도 많다.
>
> ex) ひょっとすると、彼は約束を忘れているかもしれない。
>
> (어쩌면 그는 약속을 잊고 있는지도 몰라.)
>
> もしかすると、明日の会議はキャンセルになるかもしれません。
>
> (어쩌면 내일 회의는 취소될지도 모릅니다.)

3 「～たほうがいい」：'～하는 편이 좋다'

「～たほうがいい」는 '～하는 편이 좋다' 로 해석되어 조언, 충고의 뉘앙스를 나타낸다.

ex) これ、体にいいから食べたほうがいいよ。(이거, 몸에 좋으니까 먹는 편이 좋아.)

今日、雨が降るかもしれないから、傘持って行ったほうがいいよ。

(오늘 비가 올지도 모르니까 우산 가져가는 편이 좋아.)

그리고「～ ほうがいい」의 부정표현은 '～하지 않는 편이 좋다' 라는「～ しないほうがいい」를 사용하면 된다.

ex) 甘(あま)いものを食(た)べすぎないほうがいいですよ。太(ふと)るから。

(단것을 너무 많이 먹지 않는 편이 좋아요. 살찌니까.)

ex) あの話題(わだい)はデリケートだから、軽々(かるがる)しく触(ふ)れないほうがいいですよ。

(그 주제는 민감하니까 함부로 건드리지 않는 게 좋습니다.)

TIP 「～るほうがいい」: ～하는 편이 좋다. (단순 비교에 의한 선택)

「～たほうがいい」와 비슷한 표현으로「～るほうがいい」가 있다.

양쪽 모두 '～하는 편이 좋다' 로 해석되지만「～るほうがいい」는「～たほうがいい」와는 달리 조언, 충고의 뉘앙스보다는 단순 비교를 한 후 어느 쪽이 좋다는 선택을 나타낼 때 사용한다.

ex) A: これ、今(いま)食(た)べるのと、後(あと)で食(た)べるのとどっちがいい?

(이거, 지금 먹는 거랑 나중에 먹는 거랑 어느 쪽이 좋아?)

B: 後(あと)で食(た)べるほうがいい。(나중에 먹는 편이 좋아.)

4 「らしい」: '～인 것 같다, ～인 듯하다'

「らしい」는 다른 사람의 이야기나 책에서 읽은 내용 등 외부에서 얻은 정보를 토대로 한 추측의 표현이다.

◈ 「らしい」의 접속방법

	긍 정	부 정	과 거	과거부정
동 사	行くらしい	行かないらしい	行ったらしい	行かなかったらしい
い형용사	おいしいらしい	おいしくないらしい	おいしかったらしい	おいしくなかったらしい
な형용사	元気らしい	元気ではないらしい	元気だったらしい	元気ではなかったらしい
명 사	日本人らしい	日本人ではないらしい	日本人だったらしい	日本人ではなかったらしい

◎ 용례

ex) 彼女は昨日、試験を受けたそうだ。どうやら結果が良かったらしい。

(그녀는 어제 시험을 봤다고 한다. 아무래도 결과가 좋았던 것 같다.)

友達の話によると、あの店のラーメンはとてもおいしいらしい。

(친구 말에 따르면 저 가게의 라면은 매우 맛이 있는 것 같다.)

雑誌の記事によると、この映画は今年一番の話題作らしい。

(잡지 기사에 따르면 이 영화는 올해 가장 화제가 된 작품인 것 같다.)

TIP 「らしい」가 접미어로 쓰이는 경우

접미어로 쓰이는「らしい」는 그 명사의 전형적인 성질(속성)을 나타낸다.
「명사＋らしい」의 형태로 쓰여「～다운, ～답다」라는 의미로 쓰인다.

ex) 今日は暖かくて春らしい天気だ。

(오늘은 따뜻해서 봄다운 날씨이다.)

この頃は子供らしい子供があまりいませんね。

(요즘은 어린이다운 어린이가 별로 없지요.)

学生なら学生らしくしっかり勉強しなさい。

(학생이라면 학생답게 정신 차려서 공부하세요.)

そんなことで泣くなんて君らしくないね。(그런 일로 울다니 자네답지 않군.)

TIP 「ようだ」vs「らしい」vs「そうだ」

①「ようだ」는 자신이 실제 경험하거나 관찰한 것, 느낀 것을 토대로 한「주관적인 입장」에서의 추측을 나타내는 표현으로 주로 사용된다.

【옷을 입어본 후】このスカートは私には大きいようだ。

(이 스커트는 내게는 큰 것 같다.)

【가게 앞의 행렬을 보고】あの店はおいしいようですね。(저 가게는 맛있나 봐요.)

【아이들의 우는 소리가 들려옴】喧嘩をしているようですね。(싸움을 하나 보네요.)

【자신에 관한 것】どうも風邪を引いたようだ。(아무래도 감기에 걸린 것 같다.)

【자신의 경험】この薬を飲んで体の具合いがよくなったようだ。

(이 약을 먹고 몸이 좋아진 것 같다.)

②「らしい」는 사실인지의 여부를 떠나 누군가에게서 들은 정보 등「외부로부터 얻은 정보」를 토대로 한 추측의 표현으로 잘 쓰인다.

【소문으로 듣고】金さんから聞いたけど、田中先生入院したらしいよ。

(김씨에게 들었는데 다나카 선생님 입원하신 것 같아.)

【외부정보】彼はスピーチコンテストで一番になったそうだ。日本語が上手らしい。

(그 사람 스피치 콘테스트에서 1등을 했다고 해. 일본어를 잘 하는 모양이야.)

③「そうだ」는 ⓐ 눈으로 본 것을 근거로 곧 일어나게 될 일을 추측하는 경우, 혹은 ⓑ 눈으로 본 것은 아니지만 앞으로 일어날 일에 대한 예감을 말할 때 사용된다.
따라서 과거의 사태를 나타낼 때에는 사용될 수 없다.

【테이블 위에 있는 케이크를 보고】わあ、おいしそう！(와, 맛있겠다!)

【가게에 걸려 있는 옷을 보고】このスカートは私には大きそうですね。

(이 스커트는 내게는 클 것 같네요.)

【옷의 단추를 보고】ボタンがとれそうですよ。(단추가 떨어질 것 같아요.)

【앞으로 일어날 일에 대한 예감】 今日から連休が始まるから、道が混みそうだ。

(오늘부터 연휴가 시작되니 길이 막힐 것 같아.)

④「ようだ・らしい・そうだ」를 바꾸어 쓸 수 없는 예

【예감】

오늘 시합은 어쩐지 이길 것 같은 예감이 든다.

ex) 今日の試合には何となく勝ちそうな感じがする。

*今日の試合には勝つようだ。なんとなくそんな感じがする。

【징후】

금방이라도 눈이 내릴 것 같다.

ex) 今にも雪が降りそうだ。

*今にも雪が降るようだ。

【환자를 진찰한 의사가】

위가 약해진 것 같군요.

ex) 胃が弱っているようですね

*胃が弱っているらしいですね。

연 습 문 제

1. 다음 밑줄 친 곳에 들어갈 알맞은 말을 고르시오.

(1) 明日はたぶん雨が＿＿＿＿＿だろう。

① 降る　② 降って　③ 降った　④ 降れば

(2) 今回のバイトの学生は前の人より＿＿＿＿＿かもしれない。

① まじめだ　② まじめ　③ まじめな　④ まじめの

(3) 夜遅くラーメンなんか＿＿＿＿＿ほうがいいよ。

① 食べない　② 食べなかった　③ 食べます　④ 食べて

(4) 健康のためには食後30分くらいは＿＿＿＿＿ほうがいいよ。

① 歩く　② 歩いた　③ 歩いている　④ 歩かさせる

2. 다음 중「らしい」의 용법이 다른 것을 고르시오.

① 向こうに立っているのは山田先生らしい。

② 誰かが言ったけど、駅前に銀行ができるらしいね。

③ 彼女はとても女らしい。

④ 彼が帰ってくるのは来年の春らしい。

3. 제시된 ①~⑤중 부자연스러운 표현을 모두 골라 자연스럽게 고치시오.

① 【경찰차가 출동한 상태로, 도로에 사람들이 많이 모여있는 광경을 보고】

近くで交通事故があったらしいね。パトカーも来ているし、道路に人がたくさん集まっているよ。

⇒ ______________________________

② 【치과의사가 치아의 상태를 확인한 후】

虫歯があるらしいから、早く治したほうがいいですね。

⇒ ______________________________

③ 【친구에게 들은 말을 토대로】

彼の話を聞いたら、彼女は最近とても忙しいようだ。

⇒ ______________________________

④ 【방에 불이 꺼져있는 것을 보고】

部屋の電気が消えている。どうやら、誰もいないらしいですね。

⇒ ______________________________

⑤ 【최근의 아이들이 아이답지 못함을 안타까워 하며】

最近の子供って、子供そうな子供があまりいませんね。

⇒ ______________________________

4. 다음 문장을 한국어로 해석하시오.

(1) この間、交通事故があったので、しばらく運転できないかもしれません。

⇒ ______________________________

(2) 彼があんなことをしたのは、きっと理由があったのだろう。

⇒ ____

(3) 何か割れるような音しなかった？君も聞いたでしょう？(↑)

⇒ ____

(4) 友達の話によると、駅の近くに新しいカフェができたらしい。

⇒ ____

(5) 試験の前日は夜更かししないほうがいいですよ。集中力が下がりますから。

⇒ ____

5. 다음 문장을 괄호 안에 제시된 표현을 사용하여 일본어로 옮기시오.

(1) 아마도 그녀는 오지 않겠지요. (でしょう)

⇒ ____

(2) 이런 일로 포기하다니 너답지 않아. (らしい)

⇒ ____

(3) 뉴스에 의하면 이번 여름은 매우 더운 모양이야. (らしい)

⇒ ____

(4) 그가 오해하고 있으니까 제대로 설명하는 게 좋아. (ほうがいい)

⇒ ____

(5) 이 스프는 너무 매워 보여. 다나카씨는 싫어할지도 모르겠어. (かもしれない)

⇒ ____

8 駅前で自転車を盗まれました

＜学校で＞

ユミ：田中先輩、ちょっと話聞いてくれますか。昨日、私の自転車が盗まれてしまったんです。

田中：えっ！？それは大変だ！どこに置いたの？

ユミ：駅前です。自転車を置いたばかりだったのに、10分くらい買い物して戻ってきたら、もうなかったんです。

田中：それはショックだな…。駅前なら監視カメラあるかもしれないね。警察には連絡したの？

ユミ：はい、すぐに通報しました。警察の方にも、防犯カメラの映像を確認するよう、お願いしました。でも、駅では特に鍵を二重にしておかなくてはいけないって聞いていたのに、ちょっと油断してしまいました。

田中：わかるよ、僕もよく同じ場所に停めるから、他人事じゃないね。鍵をかけただけで安心してはいけない時代だよね。

ユミ：そうですね…。しかも新しく買ったばかりの自転車だったから、余計にショックで…。今度からは絶対に頑丈なロックを使います。

田中：そうだね。しっかり防犯対策をしておかないと。でも、早く見つかるといいね。

ユミ：ありがとうございます。これからは気をつけます。田中先輩も気をつけてくださいね。

田中：うん、気をつけないと。本当に早く見つかるといいね。

주요문형 및 표현
れる / られる : '~되다, ~당하다' 등의 수동표현 ~たばかりだ : ~한지 얼마 되지 않다. ~てはいけない / ~てはだめだ : ~해서는 안 된다.

주요 단어	
盗(ぬす)む : 훔치다	停(と)める : (차 등을) 세우다
監視(かんし)カメラ : 감시 카메라	他人事(たにんごと) : 남의 일
通報(つうほう)する : 통보하다	余計(よけい)に : 더더욱
防犯(ぼうはん)カメラ : CCTV	頑丈(がんじょう)だ : 튼튼하다
映像(えいぞう) : 영상	防犯対策(ぼうはんたいさく) : 방범 대책
鍵(かぎ) : 열쇠	見(み)つかる : 발견되다
油断(ゆだん)する : 방심하다	

1 「れる・られる」: '~되다, ~당하다' (수동표현)

수동문은 동사어간에 「れる・られる」가 접속된 형태로, 해당 사태를 행하는 사람의 입장이 아닌 당하는 사람의 입장에서 서술하는 구문을 말한다.

ex) 太郎(たろう)が次郎(じろう)を殴(なぐ)った。(다로가 지로를 때렸다.) → 능동문

次郎(じろう)は太郎(たろう)に殴(なぐ)られた。(지로는 다로에게 맞았다.) → 수동문

(1) 수동동사 만들기

① 1그룹동사의 경우

해당동사의 어미를 「あ」단으로 고치고 「れる」를 접속하여 만든다.

ex) 運(はこ)ぶ → 運(はこ)ば + れる　　殴(なぐ)る → 殴(なぐ)ら + れる

押(お)す → 押(お)さ + れる　　抜(ぬ)く → 抜(ぬ)か + れる

② 2그룹동사의 경우

해당동사의 어미 「る」를 떼고 「られる」를 접속하여 만든다.

ex) 起(お)きる → 起(お)き + られる　　捨(す)てる → 捨(す)て + られる

食(た)べる → 食(た)べ + られる　　掛(か)ける → 掛(か)け + られる

③ 3그룹동사의 경우

ex) する → される

来(く)る → 来(こ)られる

(2) 수동문의 종류

① 직접수동문

해당 능동문의 대상이 되는「を격」혹은「に격」명사를 주어의 자리에 이동시켜 만든다.

太郎が次郎を殴った。(능동문 - 다로가 지로를 때렸다.)

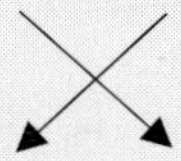

次郎は太郎に殴られた。(지로는 다로에게 맞았다.)

太郎が次郎に通訳を頼んだ。(능동문 - 다로는 지로에게 통역을 부탁했다.)

次郎は太郎に通訳を頼まれた。(지로는 다로에게 통역을 부탁받았다.)

② 소유자수동문

해당 능동문의 소유자인「の격」명사를 주어의 자리에 이동시켜 만든다.

太郎が次郎の頭を殴った。(능동문 - 다로가 지로의 머리를 때렸다.)

次郎が太郎に頭を殴られた。(지로가 다로에게 머리를 맞았다.)

TIP 소유자수동문과 마이너스적 의미

아래의 예문처럼 해당 능동문을 소유자수동문의 패턴으로 고쳤을 때, 능동문의 형태에서는 없었던 마이너스적 의미가 가중되는 경우가 있다.

ex) 友(とも)だちが私(わたし)の自転車(じてんしゃ)を直(なお)した。(능동문 - 친구가 내 자전거를 고쳤다.)

私(わたし)は友(とも)だちに自転車(じてんしゃ)を直(なお)された。(소유자수동문)

: 나는 원하지 않았는데 친구가 마음대로 내 자전거를 고쳐서 기분이 좋지 않았다는 뉘앙스가 강조됨

ex) 知(し)らない人(ひと)が私(わたし)の肩(かた)をポンと叩(たた)いた。(능동문 - 모르는 사람이 내 어깨를 두드렸다.)

私(わたし)は知(し)らない人(ひと)から肩(かた)をポンと叩(たた)かれた。(소유자수동문)

: 모르는 사람이 내 어깨를 두드려서 별로 좋지 않은 기분이었다는 뉘앙스가 강조됨

단, 모든 소유자수동문에 위와 같은 피해의 뉘앙스가 생겨나는 것은 아님에 주의할 필요가 있다.

ex) 先生(せんせい)が私(わたし)の作品(さくひん)を褒(ほ)めた。(능동문 - 선생님이 나의 작품을 칭찬했다.)

私(わたし)は先生(せんせい)に作品(さくひん)を褒(ほ)められた。(소유자수동문)

: '褒(ほ)める'라는 긍정적인 뉘앙스의 동사가 술어로 사용될 때는 소유자수동문의 형태를 취한다 하더라도 마이너스의 뉘앙스가 생기지는 않는다.

ex) 看護師(かんごし)が私(わたし)の名前(なまえ)を呼(よ)んだ。(능동문 - 간호사가 내 이름을 불렀다)

私(わたし)は看護師(かんごし)に名前(なまえ)を呼(よ)ばれた。(소유자수동문)

: 간호사가 나의 이름을 불렀다는 사실이 소유자수동문으로 나타났다 할지라도 마이너스의 뉘앙스를 갖게 되지는 않는다.

③ 간접수동문

해당 능동문에서는 존재하지 않았던 인물을 수동문의 주어로 끌어와 그 인물이 받는 피해의 의미를 강조하기 위하여 사용한다. 해당 능동문에는 존재하지 않으나 피해를 받게 되는 인물을 주어로 삼고 해당 능동문의 주어를 행위자(동작주)의 자리에 위치시켜 만든다.

雨が降った。(능동문 - 비가 왔다.)

↓

→ 太郎は雨に降られた。(다로는 비를 맞아 피해를 입었다.)

友だちが来た。 (능동문 - 친구가 왔다.)

↓

→ 花子は友だちに来られた。(하나코는 친구가 와서 피해를 입었다.)

◎ 특징

a. 수동문의 주어가 피해를 입은 경우에 사용된다. 주어는 피해의 유무를 느끼고 감지할 수 있는 존재여야 하므로 유정명사(有情名詞, 인간, 동물)만이 간접수동문의 주어가 될 수 있다.
b. 행위자(동작주)를 표시하는 격조사로서 오직「に」만이 사용될 수 있다.
c. 간접수동문의 경우, 직접수동문과 소유자수동문에 비해 실제의 사용빈도는 높지 않고 몇몇 제한된 표현으로 정형화되어 사용되는 경우가 많다.

ex) 大雪に降られ、多くの車が高速道路で立ち往生した。

(눈이 심하게 오는 바람에 많은 차들이 고속도로에서 오도가도 못하게 되었다.)

試験前日、リナは友だちに来られ、勉強は全然できなかった。

(시험 전날, 리나는 친구가 오는 바람에 공부는 전혀 하지 못했다.)

一番忙しい月末に同僚に休まれてしまい、山田は本当に困っている。

(가장 바쁜 월말에 동료가 쉬어버리는 바람에 야마다는 상당히 곤란해 하고 있다.)

そんなところに花瓶を置かれても困る。

(그런 장소에 꽃병을 두다니 곤란해.)

隼人は隣の人に一日中ピアノを弾かれ、勉強できなかった。

(하야토는 옆집사람이 하루 종일 피아노를 치는 바람에 공부를 하지 못했다.)

(3) 수동문의 행위자를 나타내는 조사

행위자 표시로 조사「に」가 가장 많이 사용되나「から」및「によって」가 사용되는 경우도 있다.

① 행위자 표시로「から」가 사용되는 경우

「渡す」「送る」「与える」등, 양자간의 이동의 의미를 나타내는 동사류가 사용되는 경우

ex) 彼女がこの手紙を送った。(그녀가 이 편지를 보냈다.)

→ この手紙は彼女から送られた。(이 편지는 그녀로부터 보내졌다.)

ex) 彼が新しいニュースを伝えた。(그가 새로운 뉴스를 전했다.)

→ 新しいニュースは彼から伝えられた。(새로운 뉴스는 그로부터 전해졌다.)

② 행위자 표시로「によって」가 사용되는 경우

「作る」「書く」「描く」「建てる」등 생산, 작성의 의미를 지닌 동사류가 사용되거나, 수동문의 주어로 감정을 지니지 않는 무정명사(無情名詞)가 사용되는 경우

ex) この料理は有名なシェフによって作られた。

(이 요리는 유명한 요리사에 의해 만들어졌다.)

『ノルウェイの森』は村上春樹によって書かれた。

('노르웨이의 숲'은 무라카미 하루키에 의해 쓰여졌다.)

試験用紙が先生によって回収された。

(시험용지가 선생님에 의해 회수되었다.)

TIP 일본어에서 수동문 사용이 빈번한 이유

「知らない人から話しかけられた。(모르는 사람이 나에게 말을 걸었다.)」, 「私はドラエモンに似ているとよく言われる。(사람들은 내가 도라에몽을 닮았다고들 한다.)」처럼 한국어라면 능동문으로 표현할 사태를 일본어에서는 수동문으로 표현하는 경우가 많다.

실제, 한국어와 일본어를 비교해 보아도 일본어에서 수동문의 사용빈도가 월등히 많음을 알 수 있는데, 이렇듯 일본어에서 수동문이 빈번하게 사용되는 이유는 무엇일까?

① '나'를 주어로 삼기를 좋아하는 일본어

일본어에서는, 제3자와 내가 관련되는 일련의 상황을 나타내야 하는 경우, '나'를 주어로 그 상황을 표현하기를 좋아하는 특징이 있다.

위의 예문 「知らない人から話しかけられた」「私はドラエモンに似ていると(みんなに)よく言われる」의 경우, 모두 능동문으로 나타내었다면 「知らない人が私に話しかけた」「みんなが私に、ドラエモンに似ているとよく言う」와 같이, 「知らない人」 혹은 「みんな」 라는 3인칭이 주어가 되었을 것이다. 이들 예문을 수동문으로 만드는 과정에서 비로소 모두 1인칭인 '私'가 주어가 된 것을 알 수 있다.

② 잦은 시점의 이동을 선호하지 않는 일본어

일본어의 경우 한국어에 비해 빈번한 시점변화가 선호되지 않는 경향이 강하므로 주어를 고정시켜 사용할 필요가 있을 때 수동문의 사용이 빈번해진다.

ex) 彼女は、相手に年を聞かれると、普通は言わないことにしている。

(상대가 나이를 물어오면 보통은 말을 하지 않기로 하고 있다.)

→ 복문의 주절(普通は言わないことにしている)의 주어가 「彼女」이므로, 종속절을 능동형으로 표현하게 되면 종속절의 주어가 「相手」가 되어 주어가 일치되지 않으나, 수동형으로 표현하게 되면 종속절의 주어가 「彼女」가 되므로 주어의 일치를 이룰 수 있다.

TIP 수동전용 표현

수동문 중에는 대응하는 능동문을 가지지 않고 오직 수동의 형태로만 사용되는 수동전용 표현이 있다. 조사로 반드시 'に'가 쓰이며 관용표현처럼 사용된다.

(1) ~にうなされる : ~에 시달리다

ex) 彼女は過去のトラウマのせいで、毎晩悪夢にうなされている。

(그녀는 과거의 트라우마 탓으로, 매일 밤 악몽에 시달리고 있다.)

(2) ~に恵まれる : ~의 혜택을 입다

ex) 私たちは天候に恵まれ、無事に登山を楽しむことができた。

(우리들은 좋은 날씨 덕에, 무사히 등산을 즐길 수 있었다.)

(3) ~に魅せられる : ~에 매료되다

ex) 彼は日本の伝統文化に魅せられ、留学を決意した。

(그는 일본의 전통문화에 매료되어, 유학을 결심했다.)

(4) ~にとらわれる : ~에 얽매이다, 연연하다

ex) 彼は過去の失敗にとらわれ、新しい挑戦を恐れている。

(그는 과거의 실패에 얽매여, 새로운 도전을 두려워하고 있다.)

2 「~たばかりだ」: '~한 지 얼마 안 되었다'

「~たばかりだ」는 '해당 행위를 한 지 얼마 되지 않았다'라는 의미이다.

ex) 彼は先月入社したばかりだから、まだ仕事に慣れていない。
(그는 지난 달, 막 입사한 참이라, 아직 업무에 익숙하지 않다.)
夕食を食べたばかりなのに、もうお腹が空いてきた。
(저녁 먹은 지 얼마 안 되었는데, 벌써 배가 고파오기 시작했다.)

TIP 「~たところだ」 vs 「~たばかりだ」

①「~たところだ」: '해당 행위를 지금 막 끝냈다'는 의미. 즉, 실제 시간적으로 해당 동작을 종료한 직후인 경우에만 사용할 수 있는 표현이다.

ex) 今、ごはんを食べたところです。(지금 막 밥을 다 먹은 참이다.)
雨がちょうどあがったところです。(지금 막 비가 그친 참입니다.)
→ 실제 해당 행위가 끝난 직후에만 사용할 수 있는 표현이다.

②「~たばかりだ」: 시간적으로 해당 행위를 종료한 직후는 물론, 실제 해당 행위가 종료된 후 어느 정도 시간이 지났더라도, 심리적으로 행위가 종료된 지 얼마 안 되었다고 느끼는 경우라면 사용할 수 있다.

ex) 今、ごはんを食べたばかりです。(지금 막 밥을 먹은 후입니다.)
→ 실제, 지금 막 밥을 다 먹은 직후에도 사용할 수 있거니와 밥을 먹고 어느 정도 지났더라도 본인이 얼마 지나지 않았다고 느낀다면 사용할 수 있는 표현이다.

따라서, 「나는 일본에 온 지 겨우 1년 밖에 되지 않아서 일본어를 잘 못해」라는 문장을 만들고 싶을 때, 아래와 같이 「~たばかりだ」 표현은 쓰일 수 있지만 「~たところだ」 표현은 사용할 수 없다.

ex) 私は1年前日本に来たばかりだから日本語がうまくしゃべれない。
*私は1年前日本に来たところだから日本語がうまくしゃべれない。

3 「～てはいけない」: '～해서는 안 된다'

「～てはいけない」는 '어떠한 행위가 용납될 수 없다' 라는 것을 말함으로써, 금지의 의미를 나타내는 표현이다. 일반적인 지켜야 할 사항에 대해 이야기 하는 경우가 많으며 회화체에서는「～ちゃいけない」라는 표현으로 자주 쓰인다.

◈ 「～てはいけない」의 접속방법

동사 て형 + てはいけない	話(はな)してはいけない
い형용사의 て형 + てはいけない	高(たか)くてはいけない
な형용사의 어간 + ではいけない	不真面目(ふまじめ)ではいけない

◎ 용례

ex) この機械(きかい)にさわってはいけない。(이 기계를 만져서는 안 된다.)

人(ひと)を外見(がいけん)だけで判断(はんだん)してはいけない。(사람을 외적인 부분만으로 판단해서는 안 된다.)

ex) この薬(くすり)は医師(いし)の指示(しじ)なしに飲(の)んではいけません。

(이 약은 의사의 지시 없이 복용해서는 안 됩니다.)

TIP 「～てはならない」 vs 「～てはいけない」 vs 「～てはだめだ」

① **「～てはならない」**

문어체적 표현으로 법률 및 규칙상의 위반에 해당하여 금지의 의미를 담고 싶은 경우에 사용하는 경우가 많은데, 특히 특정 개인을 대상으로 한 금지보다는 일반적인 금지사항, 공적인 장면에서의 금지의 의미를 나타내는 경향이 강하다.

ex) 消防車の出入り口につき、いかなる車も駐車してはならない。

(소방차 출입구의 경우, 어떠한 차도 주차해서는 안 된다.)

②「～てはいけない」

일반적인 금지를 나타내며, 일상회화에서 주로 사용된다.「～てはならない」가 사용되는 상황을 회화체로 표현하고 싶을 때, 혹은 문어체적 표현 속에서라도 그 대상이 개인이면「～てはいけない」가 사용되기 쉽다.

ex)【회화체 표현의 경우】

この薬は三日以上、続けて飲んではいけないんだって。

(이 약은 3일 이상 계속 복용하면 안 된대.)

ex)【문어체적 표현이나 개인에게 사용하는 경우】

未成年者に、酒類を販売したりしてはいけない。

(미성년자에게 주류를 판매하거나 해서는 안 된다.)

③「～てはだめだ」

법률 및 규칙상에 위반되는 금지 사항을 회화체로 표현하고 싶을 때 사용한다.

「～てはいけない」는 지켜야 할 규칙을 위반하면 벌칙이 따른다는 뉘앙스를 풍기지만,「～てはだめだ」는 그러한 벌칙까지는 상정하지 않는 경우에 주로 사용된다.

ex) 食事しながらテレビを見てはいけませんよ。(식사 중에 텔레비전을 보면 안돼요.)

→ 지시에 따르지 않으면 꾸중을 듣게 된다는 암묵적인 벌칙이 존재함.

食事しながらテレビを見てはだめですよ。(식사 중에 텔레비전을 보면 안돼요.)

→ 암묵적인 벌칙까지는 상정하지 않는 표현 (허용할 수 없다는 뉘앙스)

こんなに大雨が降ってきてはだめだ(*いけない)。ともかく試合は中止にしよう。

(이렇게 많은 비가 와선 안 된다. 어쨌든 시합은 중지하도록 하자.)

→ 청자에게 벌칙을 상정할 수 없는 경우이므로「～てはだめだ」가 자연스럽다.

연습문제

1. 다음 중 수동문의 종류가 다른 하나를 고르시오.

① 私は兄にお菓子を全部食べられてしまった。

② 田中さんは隣の人に夜遅くまでテレビをつけられて眠れなかった。

③ まゆは雪に降られて足止め状態になった。

④ 彼女は突然の雨に降られてびしょ濡れになった。

2. 다음 밑줄에 알맞은 조사를 써 넣어 해당사태를 수동문으로 고치시오.

(1) 田中さんがプレゼントを送った。

⇒(수동문) プレゼントは田中さん_____送られた。

(2) 彼の過去の失敗がトラウマになり、新しい挑戦を戸惑っている。

⇒(수동문) 彼は過去の失敗_____とらわれて、新しいことに挑戦できないでいる。

(3) プロのデザイナーがそのイラストを描いた。

⇒(수동문) そのイラストはプロのデザイナー_____描かれた。

(4) 試験前日、隣の家の犬が吠え続け、集中できなかった。

⇒(수동문) 試験前日隣の家の犬________ずっと吠えられて、集中できなかった。

3. 주어진 해석에 맞게 밑줄을 메우시오.

① 해석 : 그는 일을 막 시작했지만, 벌써 성과를 내고 있다.

⇒ 彼は仕事を＿＿＿＿＿ が、もう成果を出している。

② 해석 : 시험 전날이니까 그렇게 밤 늦게까지 깨어 있으면 안 돼.

⇒ (엄마가 아이에게) 試験前日だから、そんなに夜遅くまで＿＿＿＿＿。

③ 해석 : 그녀가 갑자기 그만둬서 프로젝트가 중단되어 버렸다. (수동문을 사용할 것)

⇒ 突然、彼女＿＿＿＿＿、プロジェクトがストップしてしまった。

④ 해석 : 운전할 때에는 교통 규칙을 무시해서는 안 된다.

⇒ 運転する時には、交通ルールを＿＿＿＿＿。

4. 제시된 ①~④중 부자연스러운 표현을 모두 골라 자연스럽게 고치시오.

① 【일을 시작한 지 얼마 안 되므로 서툴다는 내용을 전하며】

仕事を始めたところなのでまだ上手ではない。

⇒ ＿＿＿＿＿＿＿＿＿＿＿＿＿＿＿＿＿＿＿＿＿＿＿＿

② 【공공장소에서의 흡연이 금지되어 있음을 설명하며】

公共の場でタバコを吸ってはだめです。タバコを吸うのは、指定された喫煙所でのみ可能です。

⇒ ＿＿＿＿＿＿＿＿＿＿＿＿＿＿＿＿＿＿＿＿＿＿＿＿

③ 【경찰이 몇 달 동안 쫓던 범인을 놓쳤음을 곤란해 하며】

何ヶ月も追いかけていた犯人から逃げられて、警察は困っている。

⇒ ＿＿＿＿＿＿＿＿＿＿＿＿＿＿＿＿＿＿＿＿＿＿＿＿

④【전문가가 새로운 시스템을 개발했음을 설명하며】

この新しいシステムは、専門家に開発された。

⇒ ____________________

5. 다음 문장을 한국어로 해석하시오.

(1) うちの学校は日本語を学ぶためのいい環境に恵まれている。

⇒ ____________________

(2) 歩きながら何かを食べてはだめですよ。

⇒ ____________________

(3) 大事に取っておいたケーキを妹に食べられてしまった。

⇒ ____________________

(4) 病院では3人の看護師に同時に休まれると、仕事が回らなくなる。

⇒ ____________________

(5) 初めて会った人に年を聞くなどの失礼なことをしてはいけませんよ。

⇒ ____________________

6. 다음 문장을 수동문의 형태를 넣어 일본어로 옮기시오.

(1) 이 영화는 오랜 기간 많은 사람들로부터 사랑받고 있다.

⇒ ____________________

(2) 외국인이 길을 묻기에 가르쳐 주었습니다.

⇒ ____________________

(3) 전철 안에서 옆에 앉은 사람이 발을 밟아 화가 났다.

⇒ ____

(4) 수업 중에 잡담을 하다 선생님께 주의를 받았다.

⇒ ____

(5) 집 앞에 맨션이 생기는 바람에 햇볕이 잘 들지 않게 되었다.

⇒ ____

9 作り方を覚えさせられました

＜日本の料理教室を体験したユミが学校でりえに会って＞

ユミ：りえ、昨日、日本料理のクラスに行ってきたんだけど、すごく楽しかったよ！

りえ：えー、いいなぁ！どんな料理を作ったの？

ユミ：天ぷらとうどんを作ったんだ。でもね、先生が私にエビの下ごしらえをさせたの。

りえ：エビの下ごしらえ？それってちょっと大変かもね。ユミ、エビは大丈夫だった？

ユミ：実は、エビがちょっと苦手なの…。でも、他の人に迷惑をかけたくなかったから、頑張ったよ。

りえ：偉いね！私も子どもの頃、お母さんに野菜を切るのを手伝わせられたことがあるけど、苦手な野菜が多くて困ったよ。

ユミ：あ、それ分かる！数年前、私もお母さんにキムチの作り方を覚えさせられたんだけど、最初は嫌だったな。でも、今はそれが役に立ってるよ。

りえ：そうなんだ！ところで、ユミは日本料理で好きなものって何？

ユミ：やっぱり寿司かな。生魚は最初苦手だったけど、日本に来てから何度も食べるうちに好きになったよ。りえは？

りえ：私はお肉料理が好きだけど、ユミが作ってくれた韓国料理も美味しかったから、もっと食べてみたいな。

ユミ：ありがとう！じゃあ、今度家でサムギョプサルを作るから、一緒に食べようよ。

りえ：楽しみ！でも、ユミに全部準備させるのは申し訳ないから、私も手伝うね。

ユミ：本当？じゃあ、キムチ切るのを手伝わせていいのかな。これは簡単だから安心して！

りえ：分かった！頑張るよ。

주요문형 및 표현

~せる・させる：~에게 시키다, ~에게 허용하다. (사역표현)

~(さ)せられる：~가 시켜서 어쩔 수 없이 ~하다. (사역수동표현)

주요 단어

日本料理：일본 요리

天ぷら：튀김

エビ：새우

下ごしらえ：밑손질

苦手だ：서툴다, 익숙하지 않다

迷惑をかける：폐를 끼치다

偉い：훌륭하다

手伝う：돕다

役に立つ：도움이 되다

生魚：날생선

~うちに：~하는 사이에

1 「せる・させる」: '~에게 시키다, ~에게 허용하다'(사역표현)

사역문은 동사어간에 「せる・させる」가 접속되어 「XガYに(を)Vさせる」와 같은 형식을 취하여, X가 어떠한 해당사태가 일어나도록 Y에게 강요하거나 혹은 허용하는 형태의 문을 말한다. 본서에서는, 해당사태를 강요하거나 허용하는 「X」를 '사역주', 해당사태를 강요당하거나 허용받는 「Y」를 '동작주'라 칭하기로 한다.

・ 해당사태 : 生徒(せいと)がホワイトボードを見(み)る。(학생이 화이트보드를 보다.)

→ 사역문 : 先生(せんせい)が生徒(せいと)にホワイトボードを見(み)させた。

(선생님이 학생에게 화이트보드를 보게 했다.)

사역주 : 先生(せんせい), 동작주 : 生徒(せいと)

・ 해당사태 : みんなが驚(おどろ)く。(모두가 놀라다.)

→ 사역문 : 彼(かれ)はみんなを驚(おどろ)かせた。(그는 모두를 놀라게 했다.)

사역주 : 彼(かれ), 동작주 : みんな

・ 해당사태 : 牛乳(ぎゅうにゅう)が凍(こお)る。(우유가 얼다.)

→ 사역문 : 私(わたし)はうっかりして牛乳(ぎゅうにゅう)を凍(こお)らせてしまった。

(나는 깜빡하고 우유를 얼려 버렸다.)

사역주 : 私(わたし), 동작주 : 牛乳(ぎゅうにゅう)

> **TIP** 사역문으로 사용될 수 없는 동사
>
> 모든 동사가 사역동사화 되거나 사역문으로 사용될 수 있는 것은 아니며 아래의 경우, 사역형으로 사용되지 않는다.
>
> ① 존재, 필요, 가능, 유사관계를 나타내는 동사류
>
> ex) ある, 要(い)る, できる, 似合(にあ)う 등
>
> 「*あらせる」「*要(い)らせる」「*できさせる」
>
> ② 비의지를 나타내는 자동사 중에서도 대응하는 타동사 페어를 가지는 경우, 사역동사는 사용되지 않는다.
>
> ex) 開(あ)く, 沸(わ)く, 付(つ)く 등
>
> 「*開(あ)かせる」「*沸(わ)かせる」「*付(つ)かせる」

(1) 사역동사 만들기

해당동사에 「せる・させる」를 접속하여 만들며, 「せる」를 사용할지 「させる」를 사용할지는 아래와 같이 동사의 종류에 따라 달라진다.

① 1그룹동사의 경우

해당동사의 어미를 「あ단」으로 고치고 「せる」를 접속하여 만든다.

ex) 行(い)く →行(い)か + せる

言(い)う →言(い)わ + せる

殴(なぐ)る →殴(なぐ)ら + せる

押(お)す →押(お)さ + せる

② 2그룹동사의 경우

해당동사의 어미「る」를 떼고「させる」를 접속하여 만든다.

ex) 捨てる → 捨て ＋ させる

掛ける → 掛け ＋ させる

閉める → 閉め ＋ させる

やめる → やめ ＋ させる

③ 3그룹동사의 경우

ex) する → させる

来る → 来させる

(2) 사역문의 다양한 의미

① 강제

ex) 先生が生徒を立たせる。(선생님이 학생을 일어서게 하다.)

母親が子供に部屋を片付けさせた。(엄마가 아이에게 방을 치우게 했다.)

② 유도

ex) 彼はいつも手品でみんなを楽しませる。

(그는 언제나 마술로 모두를 즐겁게 한다.)

かわいい娘の結婚は父親をとても悲しませた。

(예쁜 딸의 결혼은 아버지를 무척 슬프게 했다.)

③ 허가

ex) 母親は娘に思う存分アイスクリームを食べさせた。

(엄마는 딸에게 마음껏 아이스크림을 먹도록 했다.)

小さい子供には好きなだけ遊ばせてあげましょう。

(어린 아이들에겐 원하는 만큼 놀게끔 해 줍시다.)

④ 책임, 과실

ex) その親は病気で亡くなった子供を自分が死なせたと思っている。

(그 부모는 병으로 죽은 아이를 본인이 죽게 했다고 생각하고 있다.)

うっかりしてハムを腐らせてしまった。(깜빡 잊고 햄을 썩게 해 버렸다.)

(3) 사역문의 종류

① 타동사 사역문

사역문의 기본 형태인「Xが＋Y{に/を}＋Vさせる」에서의 동작주 Y는 보통「に격」을 취하여 나타난다. 이는 기본문에 이미 존재하는「を격」과의 중복을 피하기 위해서이다.

ex) 子供が薬を飲む。

→ 親が子供に薬を飲ませる。(부모가 아이에게 약을 먹게 한다.)

ex) 社員が荷物を運ぶ。

→ 社長は社員に荷物を運ばせる。(사장은 사원에게 짐을 옮기게 한다.)

② 자동사 사역문

사역문의 기본형태인「Xが＋Y{に/を}＋Vさせる」에서의 동작주 Y는「に격」으로도「を격」으로도 나타낼 수 있으나, 어느 한 쪽만 가능한 경우도 있다.

A. 동작주 Y가「を격」을 취하는 경우

a. 해당 사태가 '비의지'를 나타내는 경우, 동작주 Y는「を격」을 취한다.

ex) 息子(むすこ)が死(し)んだ。

→ 母親(ははおや)が息子(むすこ)を死(し)なせた。(어머니가 아들을 죽게 했다.(잃었다))

ex) 牛乳(ぎゅうにゅう)が腐(くさ)った。

→ 太郎(たろう)は牛乳(ぎゅうにゅう)を腐(くさ)らせた。(다로는 우유를 썩게 했다.)

b. 감정동사(驚(おどろ)く, 安心(あんしん)する, 泣(な)く, 喜(よろこ)ぶ, 笑(わら)う)가 사용되는 경우, 동작주 Y는「を격」을 취한다.

ex) みんなが笑(わら)う。

→ 太郎(たろう)はいつもみんなを笑(わら)わせる。(다로는 언제나 모두를 웃게 한다.)

ex) 母親(ははおや)が安心(あんしん)する。

→ 先生(せんせい)の一言(ひとこと)が母親(ははおや)を安心(あんしん)させた。(선생님의 한마디가 어머니를 안심시켰다.)

c.「歩(ある)く」「働(はたら)く」등이 술어이면서 강제의 뉘앙스를 강조하고 싶은 경우

ex) 親(おや)が子供(こども)を駅(えき)まで歩(ある)かせる。

→ 부모가 아이의 의지를 무시하고 강제적으로 역까지 걷게 했다는 뉘앙스가 강함

cf) 親(おや)が子供(こども)に駅(えき)まで歩(ある)かせる。

→ 부모가 걷겠다는 아이의 의지를 존중하여 역까지 걷게끔 허용했다는 뉘앙스가 강함

ex) 夫(おっと)が妻(つま)を働(はたら)かせる。

→ 남편이 아내의 의지를 무시하고 강제적으로 일을 하게끔 시켰다는 뉘앙스가 강함

cf) 夫(おっと)が妻(つま)に働(はたら)かせる。

→ 남편이 아내의 의지를 존중하여 일을 하게끔 허용했다는 뉘앙스가 강함

d. 해당사태에 이미「に격」이 존재하는 경우

ex) 弟(おとうと)がソウルに来(く)る。

【해당사태를 다로를 사역주로 한 사역문으로 바꾸면】

→ 太郎(たろう)が弟(おとうと)をソウルに来(こ)させた。(다로가 남동생을 서울에 오게 했다.)

: 해당사태에 이미 존재하는「に격」과의 중복을 피하기 위한 것임

B. 동작주 Y가「に격」을 취하는 경우

a. 해당사태에 이미「を격」이 존재하는 경우

ex) りえが運動場(うんどうじょう)を走(はし)る。

→ 先生(せんせい)はりえ [??を・に] 運動場(うんどうじょう)を走(はし)らせた。

(선생님은 (강제로) 리에에게 운동장을 돌게 했다.)

: 허용의 뉘앙스는 없으며 강제표현이 됨. 해당사태에 이미 존재하는「を격」과의 중복을 피하기 위한 것임

b. 「歩(ある)く」「働(はたら)く」등이 술어이면서 허용의 뉘앙스를 강조하고 싶은 경우

ex) 親(おや)が子供(こども)に駅(えき)まで歩(ある)かせた。

→ 부모가 (걷겠다는 아이의 의지를 존중하여) 역까지 걷게끔 했다.

ex) 夫(おっと)が妻(つま)に働(はたら)かせた。

→ 남편이 (아내의 의지를 존중하여) 일을 하게끔 허용했다.

TIP 「着(き)させる」와 「着(き)せる」는 모두 사역동사?

① **「着(き)させる」**:'입게하다'－사역동사

사역주체가 피사역자에게 옷을 입으라고 시켜, 피사역자가 본인의 손으로 옷을 입는 경우에 사용됨.

ex) 母(はは)が娘(むすめ)に服(ふく)を着(き)させた。

(엄마가 딸에게 옷을 입으라고 시켰다. (그래서 딸이 옷을 입었다))

② **「着(き)せる」**:'입히다'－타동사

동작주가 대상에게 직접 옷을 입는 행위를 가하는 상황에 사용됨.

ex) 母(はは)が娘(むすめ)に服(ふく)を着(き)せた。

(엄마가 딸에게 옷을 입혔다. (딸은 본인이 직접 옷을 입는 행위를 하지 않음))

이와 비슷한 상황으로 「見(み)させる」와 「見(み)せる」가 있으며, 「見(み)させる」는 사역동사, 「見(み)せる」는 타동사이다.

ex) 彼(かれ)は旅行先(りょこうさき)でとった写真(しゃしん)を友(とも)だちに見(み)せた。

(그는 여행 가서 찍은 사진을 친구들에게 보여줬다 (보였다).)

ex) 彼(かれ)は旅行先(りょこうさき)でとった写真(しゃしん)を友(とも)だちに見(み)させた。

(그는 여행 가서 찍은 사진을 (억지로) 친구들에게 보게 했다.)

2 사역수동

사역수동이란 사역을 나타내는 동작을 받는 입장, 즉 당하는 입장에서 서술한 형태를 말한다. 쉽게 말해 사역문을 수동화시킨 경우라고 보면 되는데, 「~가 시켜서(~에 의해서) 어쩔 수 없이 ~하다」 라는 해석이 된다.

・사역문 : 先生が学生に運動場を走らせた。(선생님이 학생에게 운동장을 돌게 했다.)

수동화

▸ 사역수동문 : 学生は先生に運動場を走らせられた。

(학생은 (선생님이 시켜서) 어쩔 수 없이 운동장을 달렸다.)

・ 사역문 : 母は子供に部屋の掃除をさせた。(엄마는 아이에게 방 청소를 시켰다.)

수동화

▸ 사역수동문 : 子供は母に部屋の掃除をさせられた。

(아이는 (엄마가 시켜서) 어쩔 수 없이 방 청소를 했다.)

한편, 사역수동문은 형태 그대로를 직역하면 '~에게 ~시킴을 당했다' 라는 의미가 되지만, 이런 해석은 한국어로는 부자연스러우므로 해석을 할 때에는 '어쩔 수 없이~했다'의 형태로 의역하는 편이 좋다.

(1) 사역수동동사 만들기

사역동사를 수동화시켜 사역수동문이 만들어지는 원리이므로, 해당동사를 사역수동동사로 만들기 위해서는 아래와 같은 방법을 따른다.

① 1그룹동사의 경우

해당동사의 어미를「あ단」으로 고치고「せられる」를 접속하여 만든다.

ex) 行(い)く → 行(い)か+せ+られる

買(か)う → 買(か)わ+せ+られる

飲(の)む → 飲(の)ま +せ+られる

運(はこ)ぶ → 運(はこ)ば+せ+られる

② 2그룹동사의 경우

해당동사의 어미「る」를 떼고「させられる」를 접속하여 만든다.

ex) 起(お)きる → 起(お)き + させ + られる

覚(おぼ)える → 覚(おぼ)え + させ + られる

閉(し)める → 閉(し)め + させ + られる

調(しら)べる → 調(しら)べ + させ + られる

やめる → やめ + させ + られる

③ 3그룹동사의 경우

ex) する → させ + られる

来(く)る → 来(こ)させ + られる

TIP 사역수동동사의 축약형

「す」로 끝나지 않는 1그룹동사에 한하여, 「せられる」는 축약형 「される」로 사용될 수 있다.

ex) 行かせられる → 行かされる

払わせられる → 払わされる

作らせられる → 作らされる

즉, 「す」로 끝나는 1그룹동사와 2그룹동사・3그룹동사의 경우, 「せられる」는 축약형 「される」로 사용될 수 없다.

cf) 押させられる → *押さされる (1그룹동사)

食べさせられる → *食べさされる (2그룹동사)

掃除させられる → *掃除さされる (3그룹동사)

(2) 사역수동문의 의미

① 사역주의 명령 등에 의해 강제적으로 동작이 이루어져 어쩔 수 없이 그렇게 되어 버림을 나타내는 경우

ex) 私は両親に週に二冊以上、本を読ませられた。

(나는 (부모님이 시켜서) 어쩔 수 없이 일주일에 두 권 이상은 책을 읽었다.)

兄に部屋の片付けを手伝わせられて、遊ぶ時間が減った。

(형이 시켜서) 억지로 방 청소를 도와주게 되어 놀 시간이 줄어들었다.)

② 사역주의 명령에 의한 강제적인 행위는 일어나지 않으나 결론적으로 어떠한 상황에 놓임을 나타내는 경우 심리, 감정적인 현상을 나타내는 동사(예 : 感動する, 感心する, 驚く, 考える 등)가 사용되는 경우가 대부분이다.

ex) 私は彼に会うと、いつもどきどきさせられる。

(나는 그를 만나면 언제나 두근거린다.)

この小説は人生について深く考えさせられる内容だった。

(이 소설은 인생에 대해 깊이 생각하게 만드는 내용이었다.)

彼の予想外の質問に、緊張させられてしまうことが多い。

(그의 예상치 못한 질문에 어쩔 수 없이 긴장하게 되는 일이 많다.)

TIP 사역문의 비유적 표현

「사람＋は/が＋자신의 신체부분＋を～(さ)せる」의 형태를 취해 비유적 표현으로 사용될 수 있다.

ex) りえは目を輝かせながら先生の話に耳を傾けた。

(리에는 눈을 반짝이며 선생님의 이야기에 귀를 기울였다.)

発表の前には緊張をほぐすため深呼吸して、気持ちを落ち着かせた。

(발표 전에는 긴장을 풀기 위해 심호흡을 하고 기분을 안정시켰다.)

先生に叱られたユミは 口を尖らせて不満そうな様子だった。

(선생님께 꾸중을 들은 유미는 입을 뾰루퉁하게 내밀고는 불만에 찬 모습이었다.)

연 습 문 제

1. 다음 밑줄 친 곳에 들어갈 알맞은 말을 고르시오.

(1) 冷蔵庫に入れ忘れて、私はカレーを＿＿＿＿＿しまった。

① 腐らせて　② 腐らさせて　③ 腐させて　④ 腐して

(2) 店員が気を＿＿＿、重い荷物を車まで運んでくれました。

① 落ち着かせて　② 使わせて　③ 利かせて　④ つけさせて

(3) テスト前なのに先生に大量の宿題を＿＿＿、本当に困りました。

① やらせられて　② やらせて　③ やらさせられて　④ やらせれて

(4) 店員のミスで長い間＿＿＿、予定していた電車に乗り遅れてしまった。

① 待たれ　② 待たさせ　③ 待たさせられ　④ 待たせられ

2. 다음 밑줄에 적당한 조사를 넣으시오.

(1) 【가기 싫어하는 학생을 대상으로 선생님이 억지로 산길을 걷게 하는 상황】

先生は学生 ＿＿＿ むりやり山道を歩かせた。

(2) 【주변 환경의 영향으로 아이가 비뚤어진 상황을 안타까워 하는 상황】

あいつが悪いんじゃない。周りの環境があいつ ＿＿＿ ひねくれさせたのだ。

(3) 【걷기를 원하는 리에를 보며】

親はりえ ＿＿＿ 学校まで歩かせた。

(4) 【선생님이, 수업시간에 떠드는 학생을 복도에 서게 하는 상황】

先生は学生たち ______ 廊下に立たせた。

3. 다음 문장을 사역문 혹은 사역수동문으로 바꿔 쓰시오.

(1) 試験当日、暖かい両親の励ましで、緊張した受験生は安心できた。

(사역문으로)

⇒試験当日、暖かい両親の励ましが______________________________

(2) 職員が高圧的な態度をとったため、客はみんな困惑した。(사역문으로)

⇒職員の高圧的な態度が______________________________

(3) 先生は作文の内容を指摘し、私に何度も書き直させた。(사역수동문으로)

⇒私は先生に______________________________

(4) 母は毎日私にピアノの練習をさせた。(사역수동문으로)

⇒私は母に______________________________

4. 다음 표현을 사용하여 사역수동문을 작문하시오.

(1) 急な仕事が入る　　部長　　田中さん　　毎日残業する

⇒______________________________

(2) 上司の機嫌をとる　　山田さん　　カラオケ　　好きじゃない歌を歌う

⇒______________________________

(3) オリンピックでメダルを取る　　コーチ　　彼　　毎日5時間練習する

⇒______________________________

(4) 発表者(はっぴょうしゃ)が欠席(けっせき)　準備(じゅんび)していない私(わたし)　代(か)わり　発表(はっぴょう)する

⇒ ______________________________

5. 다음 문장을 한국어로 해석하시오.

(1) 嫌(きら)いなことをいやいや習(なら)わせても長続(ながつづ)きしない。

⇒ ______________________________

(2) 疲労(ひろう)を回復(かいふく)させたい時(とき)は、ゆったりと風呂(ふろ)に入(はい)ることにしている。

⇒ ______________________________

(3) 希望(きぼう)に胸(むね)を膨(ふく)らませた時(とき)があった。

⇒ ______________________________

(4) 会議(かいぎ)の準備(じゅんび)が忙(いそが)しかったのに、同僚(どうりょう)のミスで余計(よけい)な仕事(しごと)をさせられた。

⇒ ______________________________

6. 다음을 사역문 혹은 사역수동문을 사용하여 일본어로 옮기시오.

(1) 유미는 억지로 언니를 도와 집 청소를 할 수 밖에 없었다. (사역수동문)

⇒ ______________________________

(2) 언니가 유리에게 억지로 설거지를 시켰다. (사역문)

⇒ ______________________________

(3) 선생님이 수업 중에 학생들에게 자유롭게 질문하게끔 했다. (사역문)

⇒ ______________________________

(4) 추리 드라마를 보고 있으면 늘 조마조마하게 된다. (사역수동문)

⇒ ______________________________

(5) 이 영화를 보고 많은 것을 생각하게 되었다. (사역수동문)

⇒ ______________________________

10 大学祭では楽しめるものが多い

＜大学祭を見に来たユミとりえ＞

ユミ：わあ、この大学祭、すごくにぎやかだね。日本の大学祭は初めてだから嬉しいよ。

りえ：そうだね。大学祭ではたくさんのイベントやお店があって、楽しめるものが多いよ。

ユミ：たこ焼きもあるんだ。今注文できるかな。

りえ：後10分で開始だから、もう少し待てば買えるよ。

ユミ：楽しみだね。見て！ステージで伝統的なダンスも見られるよ。

りえ：そうそう。毎年大学祭で世界の伝統ダンス大会が開かれるの。韓国のチームも参加すると聞いたよ。後で見に行こう。

ユミ：いいよ。なんかわくわくしちゃった。それ見たら、韓国が懐かしくなるかも。

りえ：そうだね。あと、フリーマーケットもあるよ。色々なものが安く買えるの。

ユミ：それは楽しそうだね。日本の学生たちともっと交流できるといいな。

りえ：そうだね。大学祭はたくさんの人と話せるチャンスが多いから、交流したいならいろいろ回るといいよ。

ユミ：ありがとう！たくさん回って、いっぱい話してみるよ！

주요문형 및 표현
(ら)れる・(え단)+る：<가능>~(할) 수 있다. <자발>저절로~되어 지다.

주요 단어	
大学祭：대학 축제	伝統的だ：전통적이다
嬉しい：기쁘다	開かれる：열리다, 개최되다
イベント：이벤트, 행사	参加する：참가하다
たこ焼き：다코야키	わくわくする：설레이다
注文する：주문하다	思い出す：(생각을)떠 올리다
後＋<시간>＋で：<시간> 후에	フリーマーケット：플리마켓, 벼룩시장
開始：개시, 시작	交流する：교류하다
ステージ：스테이지, 무대	チャンス：찬스, 기회

1 가능

가능표현은「食べる」「行く」「勉強する」처럼 의지성을 가지는 동사가, 어떠한 행위를 할 수 있는지 없는지의 여부를 나타내는 것을 말한다.

◎ 가능형을 만들 수 없는 동사

① 무생물을 주어로 하는 동사

(雨が)降る, (木が)倒れる, (事故が)起こる, (機械が)直る, (ドアが)閉まる, (電気が)消える 등

② 사람이 주어가 되지만 의지적으로 동작을 할 수 없는 동사로 이미 가능의 의미를 지니고 있는 동사

(日本語が)わかる, (中国語が)できる, (仕事に)慣れる, (大学に)受かる, (問題が)解ける, (海が)見える 등

◎ 가능표현 만들기

가능표현은 이하의 세 가지 방법으로 만들 수 있다.

① 가능동사

ex) 日本語が話せる。(일본어를 할 수 있다.)

② 동사의 사전형＋ことができる

ex) 日本語を話すことができる。(일본어를 할 수 있다.)

③ 명사＋ができる

ex) 日本語ができる。(일본어를 할 수 있다.)

(1) 가능동사 만들기

동사의 종류에 따라 가능동사를 만드는 방법은 아래와 같이 달라진다.

① 1그룹동사

동사어미를 「え단」으로 고친 후 「る」를 접속하여 만든다.

ex) 行く →行ける　　取る→取れる　　押す→押せる

飲む→飲める　　使う →使える

② 2그룹동사의 경우

동사어미「る」를 떼고「られる」를 접속하여 만든다.

ex) 捨てる → 捨てられる　答える → 答えられる　覚える → 覚えられる
決める → 決められる　起きる → 起きられる

③ 3그룹동사의 경우

ex) する → できる　来る → 来られる

(2) 동사의 사전형 +「ことができる」

ex) 行く → 行くことができる　歌う → 歌うことができる
起きる → 起きることができる　決める → 決めることができる

(3) 명사 +「~ができる」

명사+「する」의 형태로 사용되는 동사(食事, 運動 등)의 명사부분에「~ができる」가 접속된 형태

ex) 食事する → 食事ができる　運動する → 運動ができる
運転する → 運転ができる　勉強する → 勉強ができる

◎ 가능표현과 조사

가능형은 기본적으로「日本語ができる」「漢字が書ける」처럼 조사로「が」를 사용하는 경우가 일반적이나,「を」를 사용하는 경우도 많아 가능표현에 있어 조사의 사

용은 변칙적이라 할 수 있다.

(1) 대상을 나타내는 조사

① 「が」를 많이 사용하는 경우

食べる, 飲む, 書く 등의 일상생활을 나타내는 동사들이 가능형을 만들 때

ex) もう少し待てば、待ちに待った本場の日本料理が食べられる。

(조금만 더 기다리면, 기다리고 기다리던 본고장의 일본요리를 먹을 수 있다.)

② 「が」 보다 「を」가 사용되기 쉬워지는 경우

- 행위의 대상이 행위의 주체로 혼동되기 쉬운 경우

ex) (?)太郎は彼女が手伝える。

→ 太郎は彼女を手伝える。(다로는 그녀를 도울 수 있다.)

- 물리적 접촉을 나타내거나 음절수가 많은 동사류

ex) (?)私一人ではこの部屋が片付けられない。

→ 私一人ではこの部屋を片付けられない。(나 혼자로는 이 방을 정리할 수 없다.)

- 종속절 내에 사용되는 경우

ex) 中古用品を買えるアプリが人気だ。(중고품을 살 수 있는 앱이 인기가 많다.)

③ 특정조사를 취하는 동사의 경우라면 가능표현으로 사용할 때에도 특정조사는 유지한다.

ex) やっと2時の電車に乗れた。(← ～に乗る)

(겨우 2시 전철을 탈 수 있었다.)

10年も離れていた友だちに会えた。(← ～に会う)

(10년이나 떨어져 있었던 친구를 만날 수 있었다.)

5時間もかけてやっと山を越えられた。(← ～を越える)

(5시간이나 걸려 겨우 산을 넘을 수 있었다.)

(2) 주체를 나타내는 조사

부정의 의미를 지니고 있거나 타자와의 비교를 나타내는 문장인 경우, 가능을 나타내는 주체를 「に」로 표시할 수 있는 경우가 있다.

ex) 私にはこれ以上とうていできません。(나는 이 이상은 도저히 할 수 없습니다.)

((?) 私にはこれ以上できます。)

彼にできることだから、あなたにもできるはずだよ。

(그 사람도 할 수 있는 일이니까, 틀림없이 너도 할 수 있을 거야.)

TIP 「ら抜きことば」

ex) 熱いものでもすぐに食べれる。(뜨거운 것이라도 바로 먹을 수 있다.)

ここで映画が見れる。(여기에서 영화를 볼 수 있다.)

彼は近くにいるから、すぐに来れるらしい。

(그는 가까운 곳에 있으니까 곧 올 수 있을 것 같다.)

위의 예문에서 食べる, 見る, 来るの 가능동사는 'ら'가 생략된 형태로 사용되고 있다.「食べる」「見る」「来る」의 가능동사는 각각「食べられる」「見られる」「来られる」의 형태가 문법적으로 맞는 표현이지만, 일상회화에서 이를 줄여「食べれる」「見れる」「来れる」로 사용하기도 한다. 이들은 각각의 가능동사에서「ら」가 생략된 표현으로「ら抜きことば」라고 불린다.

이들「ら抜き 현상」은 2그룹동사와 3그룹의「来る」에서 자주 나타나며 특히 음절수가 많은 동사보다는 적은 동사일수록 빈번히 발생한다.

예를 들어, 2그룹동사 중에서도 음절수가 많은「信じる」「考える」등이 음절수가 적은「見る」「着る」등에 비해「ら抜き 현상」이 덜 일어나는 것으로 알려져 있다.

ex) ？私はあなたのことを信じれる。(나는 너를 믿을 수 있다.)【信じる:4음절】
一人で着物が着れる。(혼자서 기모노를 입을 수 있다.)【着る:2음절】

단,「ら抜きことば」는 문법적으로 타당한 표현이라고 보기 어려워 위화감을 느끼는 사람도 많으므로, 격식을 차려야 할 장소나 상대에게는「ら抜きことば」의 사용을 피하는 것이 좋다.

◎ 가능동사와「ことができる」

가능동사와「ことができる」의 의미용법은 같은 경우가 대부분이나, 보통 가능동사는 회화체로,「ことができる」는 문어체적인 어투로 사용되는 경우가 많다. 그러므로「飲む」「食べる」「買う」등과 같은 일상생활에서 자주 사용되는 동사는 가능동사의 형태로,「述べる」「まとめる」처럼 문어체에서 사용되기 쉬운 동사는「ことができる」의 형태로 가능형을 만드는 경우가 많다.

ex) わかめスープは辛くないから、辛いものが苦手な方も飲めます。

(미역국은 맵지 않으니까, 매운 것을 잘 못 먹는 분도 먹을 수 있습니다.)

調査の結果は<表1>のようにまとめることができる。

(조사 결과는 〈표1〉과 같이 정리할 수 있다.)

또한, 2그룹동사와 3그룹동사 중 「来る」의 경우는 가능형과 수동형이 동일한 형태이므로 혼동을 막기 위해 가능동사의 형태가 아닌 「ことができる」를 사용하기도 한다.

ex) 분별하지 않고 버릴 수 있는 쓰레기

→分別しないで捨てることができるゴミ

cf) 分別しないで捨てられるゴミ

('분별하지 않고 버려지는 쓰레기' 즉, 수동문으로 해석될 수도 있음)

TIP 자동사 vs 「ことができる」

1그룹동사 중 「売る」「釣る」「切る」「取る」 등의 경우, 가능동사로 만들면 자동사 「売れる(팔리다)」 「釣れる(잡히다)」 「切れる(잘리다)」 「取れる(떨어지다)」 와 동일한 형태가 되어 혼동의 여지가 생긴다. 이런 동사들의 경우도 혼동을 막기 위해 「ことができる」를 사용하여 가능형을 만드는 경우가 많다.

ex) a. 使い終わったものは、リサイクルショップに売ることができる。

(다 쓴 물건은 재활용품점에 팔 수 있다.) → 가능

b. このくつは中・高校生によく売れる。

(이 구두는 중고생들에게 잘 팔린다.) → 자동사

ex) a. この辺は、夜になるとイカも釣ることができる。

(이 근방은 밤이 되면 오징어도 잡을 수 있다.) → 가능

b. この川でよく釣れる魚は何ですか。

(이 강에서는 잘 잡히는 물고기는 무엇이죠?) → 자동사

ex) a. あの美容室はたったの1,000円で髪を切ることができるそうだ。

(저 미용실은 단돈 1,000엔으로 머리를 자를 수 있다고 한다.) → 가능

b. このナイフは買ったばかりなので、なんでもよく切れる。

(이 칼은 산 지 얼마 안 되어 뭐든 잘 잘린다.) → 자동사

2 자발

자발은 의지에 의해 행위가 일어나는 것이 아닌, 무의식적으로 행위가 이루어지는 것을 나타내는 표현이다. 모든 동사를 자발표현으로 만들 수 있는 것은 아니며, 주로 심리, 사고, 지각과 관련된 동사류 (ex : 思う, 思い出す, 懐かしむ, 心配する, 案じる, 考える, 感じる, 待つ 등)가 자발표현으로 쓰인다.

◎ 자발동사 만들기

자발동사를 만드는 방법은 수동동사를 만드는 방법과 동일하다.

① 1그룹동사의 경우

해당동사의 어미를「あ단」으로 고치고「れる」를 접속하여 만든다.

ex) 思う → 思われる

思い出す → 思い出される

待つ → 待たれる

ex) 昔のアルバムを見ていると、今までのことが思い出され泣きそうになった。(예전 앨범을 보고 있자니, 지금까지의 일들이 떠올라 눈물이 날 것 같았다.)

春が待たれるこの季節、暖かい日差しが恋しくなる。

(봄이 기다려지는 이 계절, 따뜻한 햇살이 그리워진다.)

② 2그룹동사의 경우

해당동사의 어미「る」를 떼고「られる」를 접속하여 만든다.

ex) 感じる → 感じられる

考える → 考えられる

案じる → 案じられる

ex) この小説を読んでいると、作家の気持ちがよく感じられる。

(이 소설을 읽고 있으니, 작가의 마음이 잘 느껴진다.)

一人でふるさとにいる祖父のことが案じられる。

(혼자 시골에 계시는 할아버지가 걱정된다.)

③ 3그룹동사의 경우

ex) 心配する → 心配される

ex) 少子化問題で人口の減少が心配されています。

(저출산 문제로 인구의 감소가 걱정되고 있습니다.)

TIP 「泣ける」「笑える」

「泣く」「笑う」 등의 동사는 가능동사의 형태로 자발의 의미를 나타낼 수 있는 독특한 특징이 있는 동사들이다. 즉, 「泣ける」「笑える」 등의 형태로 가능과 자발의 의미를 모두 나타낼 수 있기 때문에, 이들 동사가 나타내는 의미를 알고자 할 때는 전후 문맥을 통해 파악해야 한다.

ex) a. 泣ける映画が好きだ。(나도 모르게 눈물이 나는(슬픈) 영화가 좋다.) → 자발

b. 泣こうと思えば、10秒で泣ける。(울려고만 한다면, 10초만에도 울 수 있다.) → 가능

a. あの話、本当に笑える。(그 이야기, 정말 웃긴다.) → 자발

b. 最後に笑える人は、あきらめずに努力しつづけた人だ。

(마지막에 웃을 수 있는 사람은 포기하지 않고 계속 노력한 사람이다.) → 가능

연 습 문 제

1. 다음 중 자발의 의미를 가지지 않는 문장을 모두 고르시오.

① 空を見ていると、昔のことが思い出される。

② 将来のことが心配されてしょうがない。

③ 彼は相手の両親に結婚を反対され、がっかりしている。

④ まだ3月なのに夏休みが待たれる。

⑤ 毎朝5時に起きられますか。

2. 다음 중 잘못된 표현을 맞게 고치시오.

(1) 3시간 정도로 이 산을 오를 수 있습니까?

: 3時間くらいでこの山に登られますか。

⇒ ______________________________

(2) 연습 후 바로 옷을 갈아입을 수 있도록 준비해 두었다.

: 練習後、すぐに着替えれるように準備しておいた。

⇒ ______________________________

(3) 그는 20KG가 넘는 짐도 한 번에 옮길 수 있습니다.

: 彼は20キログラムを超える荷物も一度に運べられます。

⇒ ______________________________

(4) 시간만 있다면 여기 있는 물건을 모두 팔 수 있습니다.

: 時間(じかん)さえあれば、ここにあるものは全(すべ)て売(う)れます。

⇒ ____

(5) 이제 휴대전화가 없는 생활은 생각할 수 없습니다.

: もう携帯電話(けいたいでんわ)のない生活(せいかつ)なんて考(かんが)えれません。

⇒ ____

(6) 다나카군은 100미터를 11초에 달릴 수 있다고 한다.

: 田中君(たなかくん)は100メートルを11秒(びょう)で走(はし)られるという。

⇒ ____

3. 다음 문장을 한국어로 해석하시오.

(1) 二十歳(はたち)になる前(まえ)にはお酒(さけ)は飲(の)めません。

⇒ ____

(2) 一ヶ月(いっかげつ)500円(えん)も払(はら)えば、流行(はや)りの音楽(おんがく)が何度(なんど)でも聞(き)ける。

⇒ ____

(3) 夏(なつ)の気配(けはい)が感(かん)じられるこの頃(ごろ)です。

⇒ ____

(4) 遠(とお)くに住(す)んでいる両親(りょうしん)のことが心配(しんぱい)される。

⇒ ____

(5) 彼女(かのじょ)は日本語(にほんご)だけではなく中国語(ちゅうごくご)も話(はな)せる。

⇒ ____

4. **다음 문장을 일본어로 옮기시오.**

(1) 다소 시간이 걸려도 좋으니 신뢰할 수 있는 정보를 원합니다.

⇒ ______________________________

(2) 저 스포츠센터는, 수영할 수 있는 능력에 따라 여러 가지 코스가 있습니다.

⇒ ______________________________

(3) 심플하면서도 따뜻함이 느껴지는 집을 원합니다.

⇒ ______________________________

(4) 아들 부부의 귀국이 기다려진다.

⇒ ______________________________

(5) 그녀는 이름만 들어도 귀여운 이미지가 상상되어진다.

⇒ ______________________________

(6) 스즈키군은 초등학생이지만, 고등학생 레벨의 문제도 풀 수 있다.

⇒ ______________________________

11 何をあげたらいいか考えている

＜かりんの誕生日パーティについて話し合っているユミとりえ＞

ユミ：来週はかりんちゃんの誕生日だよね。

りえ：そうだね。何かプレゼントしたいね。

ユミ：うん、何をあげたらいいか考えてるんだけど、なんかいいアイデアある？

りえ：かりんちゃんはかわいいアクセサリーが好きだって聞いたよ。

ユミ：そうなんだ！じゃあ、アクセサリーを買おうか。一緒にお店行かない？

りえ：いいよ。授業終わったら一緒に行こう。

ユミ：それと、レストランでお祝いしたいんだけど、いいお店知ってる？

りえ：学校の前にあるイタリアンレストランはどう？かりんちゃんパスタ好きだし。

ユミ：あ、そうだ。その店のブログで見たけど、誕生日当日に行くとミニケーキがもらえるらしいよ。

りえ：あ、それいいじゃん！そっちにしよう！

ユミ：うん、わかった。すぐ予約しとくね。

りえ：本当よかった。ユミ、ありがとう。

ユミ：ううん。りえが一緒だから誕生日パーティーの準備もできるわけだよ。

りえ：そんなことないよ。みんなでお祝いできるのが一番楽しいね。来週楽しみ！

ユミ：うん。楽しみ！

주요문형 및 표현
あげる, やる / さしあげる : 주다 / 드리다. くれる / くださる : 주다 / 주시다. もらう / いただく : 받다. のだ : ~인 것이다. わけだ : ~인 것이다.

주요 단어	
誕生日(たんじょうび) : 생일	お祝(いわ)いする : 축하하다
プレゼント : 선물	ブログ : 블로그
アイデア : 아이디어	訪問(ほうもん)する : 방문하다
アクセサリー : 액세서리	準備(じゅんび) : 준비
レストラン : 레스토랑	楽(たの)しみだ : 기대되다, 즐겁게 기다려지다

1 물건을 주고받는 '수급표현'을 나타내는 동사 : '주다, 받다'

어떤 행위나 동작, 물건 등을 주고받을 때 사용되는 일련의 표현들을 '수수표현'이라 한다.

수수표현은 행위, 동작을 주고받는 '수익표현'과 물건을 주고받는 '수급표현'으로 분류되며 본 과에서는 이 중 '수급표현'을 나타내는 동사에 대해 학습해본다.

◈ 수급표현을 나타내는 동사

	주 다		받 다
동작의 주체	누가 주는가? 1인칭이 → 2 · 3인칭에게 2인칭이 → 3인칭에게 3인칭이 → 3인칭에게	누가 주는가? 2 · 3인칭이 → 1인칭에게 3인칭이 → 3인칭에게	누가 받는가? 1인칭이 ← 3인칭에게 1인칭이 ← 2인칭에게 3인칭이 ← 3인칭에게
윗사람	さしあげる(드리다)	くださる(주시다)	いただく(받다)
동등한 관계	あげる(주다)	くれる(주다)	もらう(받다)
손아래 (동물, 식물)	やる(주다)	くれる(주다)	もらう(받다)

주의할 점은 일본어에서 '주다'의 경우는 누가 누구에게 주는가에 따라서 A그룹(あげる 계열)과 B그룹(くれる 계열)라는 두 그룹의 수급동사를 구별하여 사용한다는 점이다.

(1) A그룹 –「あげる」「やる」「さしあげる」: '주다 · 드리다'

「あげる」「やる」「さしあげる」로 구성되는 A그룹의 수급동사들은 주고받는 관계에서 상대적으로 숫자가 낮은 인칭이 주어가 되어 높은 인칭에게 물건을 줄때나, 3인칭이 3인칭에게 물건을 줄 때 사용된다는 공통점을 가진다.

◈「あげる」「やる」「さしあげる」의 A그룹 동사들이 사용되는 경우와 인칭관계도

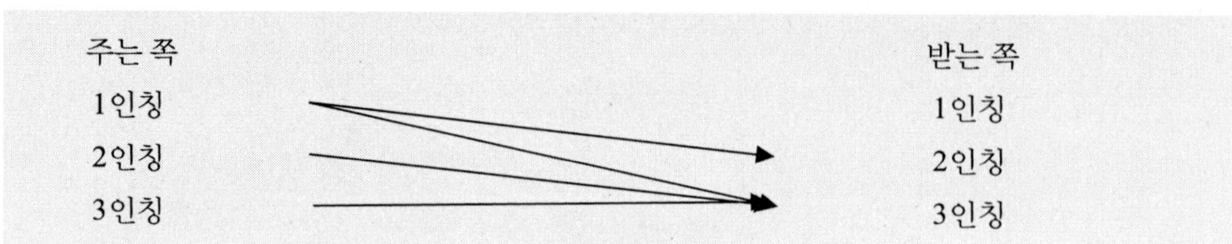

(1인칭 → 2인칭, 1인칭 → 3인칭, 2인칭 → 3인칭, 3인칭 → 3인칭)

즉 A그룹의 세 가지 동사들은 위와 같은 인칭관계를 가진다는 공통점 하에서 각각 아래와 같은 서열관계의 차이에 따라「あげる」가 사용되기도 하며「やる」「さしあげる」가 사용되기도 한다.

①「あげる」

「XがYに ~をあげる」: 'X가 Y에게 ~을/를 주다'
「あげる」는 물건을 주고받는 사람의 서열관계가 동등할 경우에 사용된다.

ex) A：そのハンカチ、かわいいね。どこで買(か)ったの?
(그 손수건, 예쁘네. 어디서 샀니?)
B：デパートで買(か)ったよ。もう一枚(いちまい)あるからあげるよ。
(백화점에서 샀어. 한 장 더 있으니까 줄게.)
A：いいの? ありがとう。(괜찮니? 고마워.)

②「さしあげる」

「XがYに ~をさしあげる」: 'X가 Y에게 ~을/를 드리다'
「さしあげる」는「あげる」의 겸양표현으로 자신의 주는 행위를 낮추어 결과적으로 상대를 높이는 존경의 효과를 나타낼 수 있는 표현이다. 주는 사람보다 받는 사람이 서열상 높은 사람일 경우에 사용된다.

ex) 社員(しゃいん)A：課長(かちょう)は来月(らいげつ)から北海道(ほっかいどう)に転勤(てんきん)になるそうですね。
(과장님 다음 달부터 홋카이도로 전근이라고 하네요.)
社員(しゃいん)B：はい。私(わたし)も聞(き)きました。(네, 저도 들었습니다.)
社員(しゃいん)A：課長(かちょう)に何(なに)をさしあげましょうか。(과장님께 무엇을 드릴까요?)
社員(しゃいん)B：手袋(てぶくろ)はどうですか。(장갑은 어떻습니까?)

ex) A：このペン、とても書きやすいですね。(이 펜, 굉장히 잘 써지네요.)

B：あ、よろしかったら、さしあげますよ。(아, 괜찮으시면(그러시다면) 드릴게요.)

③「やる」

「X(주는 쪽)がY(받는 쪽)に～をやる」: 'X가 Y에게 ～을/를 주다'

「やる」는, 물건을 주는 사람보다 받는 사람이 서열상 낮은 경우, 혹은 동식물에게 무언가를 주는 경우 등에 사용된다.

ex) A：この本、おもしろそう。(이 책 재미있을 것 같아요.)

B：あ、それ、父さんもう読みおわったからお前にやるよ。
(아, 그거 아빠는 벌써 다 읽었으니까 너에게 줄게.)

A：ほんとう？ありがとう。(정말요? 고마워요.)

ex) A：優ちゃん、ワンちゃんにえさやったの？(유짱, 강아지에게 먹이 줬니?)

B：うん、さっきやったよ。(응, 좀 전에 줬어.)

(2) B그룹 －「くださる」「くれる」: '주시다 · 주다'

「くださる」「くれる」로 구성되는 B그룹의 수급동사들은 주고받는 관계에서 상대적으로 숫자가 높은 인칭이 주어가 되어 낮은 인칭에게 물건을 줄때나 3인칭이 3인칭에게 물건을 줄 때 (단, 받는 사람이 나와 관련된 내 쪽의 사람일 경우) 사용된다는 공통점을 가진다.

◈「くださる·くれる」그룹이 사용되는 경우와 인칭관계도

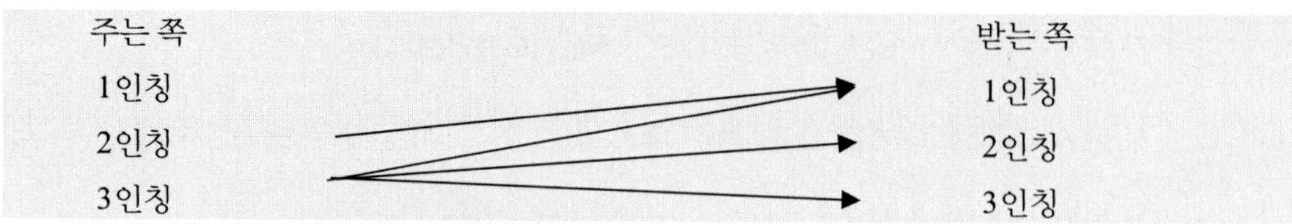

(2인칭 → 1인칭, 3인칭 → 1인칭, 3인칭 → 2인칭, 3인칭 → 3인칭)

즉 B그룹의 위 두 개의 동사들은 위와 같은 인칭관계를 가진다는 공통점 하에서 각각 아래와 같은 서열관계의 차이에 따라 「くれる」가 사용되기도 하며 「くださる」 가 사용되기도 한다.

①「くれる」

「XがYに～をくれる」: 'X가 Y에게 ～을/를 주다'
「くれる」는 물건을 주고받는 사람의 서열관계가 동등하거나 낮은 경우에 사용된다.

ex) A：かわいい人形(にんぎょう)ですね。(예쁜 인형이네요.)
B：ええ。友達(ともだち)が誕生日(たんじょうび)にくれたんです。(네, 친구가 생일에 줬습니다.)

ex) A：このシール、かわいいね。(이 스티커 귀엽네.)
B：ほしかったらあげるよ。(원하면 줄게.)
A：えっ、ただでくれるの？ありがとう。(앗, 그냥 주는 거야? 고마워.)

②「くださる」

「XがYに～をくださる」: 'X가 Y에게 ～을/를 주시다'
「くださる」는 「くれる」의 존경표현으로, 주는 사람이 받는 사람보다 서열상 높은 사람일 경우에 사용된다.

ex) A：すてきなかばんですね。(멋진 가방이네요.)
B：うちの会社(かいしゃ)の部長(ぶちょう)がアメリカ出張(しゅっちょう)のお土産(みやげ)でくださったんですよ。
(우리 회사 부장님이 미국 출장에서 선물로 주셨어요.)

TIP 3인칭끼리 사용하는 「あげる」와 「くれる」

3인칭에게 3인칭이 물건을 주는 수급표현으로는 기본적으로 「くれる」보다 「あげる」를 많이 사용한다.

ex) 야마다씨가 기무라씨에게 꽃을 준다.

→ (?)山田さんが木村さんに花をくれる。＜ 山田さんが木村さんに花をあげる。

cf) 山田さんが木村さんに花をくれたそうです。

(야마다씨가 기무라씨에게 꽃을 주었다고 합니다.)

그리고 '다나카씨는 내 여동생에게 선물을 주었다'처럼 주는 사람과 받는 사람이 모두 3인칭이지만, 받는 사람이 화자인 나와 가까운 경우(가족, 친구 등)라면, 「くれる」를 사용하여, 「田中さんは私の妹にプレゼントをくれた」와 같이 작문해야 한다. 그것은, 나와 가까운 존재인 경우 3인칭이기는 하나 1인칭에 상당하는 역할을 한다고 간주되기 때문이다.

즉, 외형상 3인칭인 田中さん이 3인칭인 내 여동생에게 선물을 주고 있으므로 '3인칭→3인칭' 으로의 이동으로 보이지만 실제로 내 여동생은 1인칭에 상당하는 역할을 한다고 간주되므로 이동은 '3인칭→1인칭'으로 일어난다고 볼 수 있는 것이다. 따라서 이 경우에는 「あげる」가 아닌 「くれる」계열을 써 주는 것이 타당하다.

또한, cf)처럼 만일 제 3자간 수수에서 「くれる」를 사용하였다면 해당 상황을 표현하고 있는 화자인 내가, 받는 쪽 사람(윗 문장에서는 木村さん)을 더 가깝게 느끼고 있다는 것을 나타낸다.

(3) 「いただく」「もらう」: '받다'

「いただく・もらう」 그룹은 받는 사람이 주어가 되는데, 주고받는 관계에서 상대적으로 숫자가 낮은 인칭이 주어가 되어 숫자가 높은 인칭에게 물건을 제공받을 때 혹은 3인칭이 3인칭에게 물건을 제공받을 때 사용된다.

◈「いただく·もらう」 그룹이 사용되는 경우와 인칭관계도

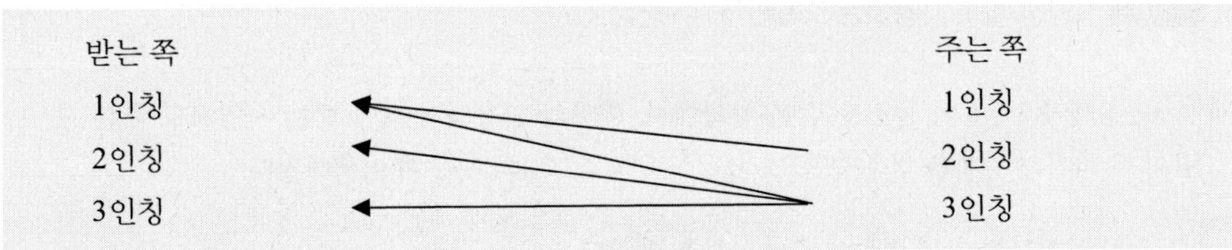

(1인칭 ←2인칭, 1인칭 ←3인칭, 2인칭 ←3인칭 , 3인칭 ←3인칭)

① 「もらう」

「YがXに～をもらう」: ‘ Y가 X에게 ～을/를 받다’

「もらう」는 기본적인 수수표현으로 사용되며 물건을 주고받는 사람의 서열관계가 동등하거나 낮은 경우에 사용된다.

ex) A：去年(きょねん)の誕生日(たんじょうび)に何(なに)をもらいましたか。(작년 생일에 무엇을 받았습니까?)

B：花束(はなたば)とネックレスをもらいました。(꽃다발과 목걸이를 받았습니다.)

② 「いただく」

「YがXに～をいただく」: ‘Y가 X에게 ～을/를 받다’

「もらう」와 사용되는 인칭관계는 동일하나, 주는 사람이 받는 사람보다 윗사람이거나 경의를 표시해야 하는 사람인 경우에 사용한다. 즉, 「いただく」는 「もらう」의 겸양표현이라고 볼 수 있다.

ex) A：先生(せんせい)から美術館(びじゅつかん)のチケットをいただいたんですが、一緒(いっしょ)に見(み)に行(い)きませんか。(선생님께 미술관 입장권을 받았는데 함께 안 가실래요?)

B：ええ、いいですね。どこの美術館(びじゅつかん)ですか。
(아, 그래요(좋네요). 어느 미술관이에요?)

TIP 3인칭끼리 사용하는「もらう·いただく」

3인칭에게 3인칭이 물건을 받는 상황에서, 화자의 입장에서 보아 받는 사람보다 주는 사람이 더 화자와 가까운 경우라면「もらう・いただく」의 사용이 어색해진다.

ex) 야마다씨가 내 여동생에게 선물을 받았다.

→(?)山田さんが私の妹からプレゼントをもらった。

받는 사람　주는 사람

이는 앞서 언급한 것처럼「내 여동생」의 경우, 나와 가까운 존재로 3인칭이기는 하나, 1인칭에 상당하는 역할을 한다고 간주되기 때문이다.

「もらう・いただく」표현은 숫자가 낮은 인칭이 높은 인칭에게 물건을 제공받을 때 사용될 수 있는 특징이 있다. 그런데「내 여동생」이 주는 사람으로 사용되는 경우, 3인칭인 야마다씨가 1인칭에 상당하는「내 여동생」에게 물건을 제공받는 셈이 되므로「もらう・いただく」표현이 사용되기 어려워지는 것이다.

즉, 3인칭인 야마다씨가 외형상 3인칭인 내 여동생에게 선물을 받고 있는 상황이어서 '3인칭←3인칭'으로의 이동으로 보이지만 실제로 내 여동생은 1인칭에 상당하는 역할을 한다고 간주되므로 이동은 '3인칭←1인칭'으로 일어난다고 볼 수 있는 것이다. 따라서 이 경우에는「もらう・いただく」를 사용하여 작문하면 어색한 문장이 되는 것이다.

그렇다면,「야마다씨가 내 여동생에게 선물을 받았다」는 일본어로 어떻게 작문해야 하는 것일까? 그럴 때는 굳이 야마다씨를 주어로 하여「받았다」형식으로 작문하려 하지 말고, 준 쪽인 여동생을 주어로 하여「私の妹が山田さんにプレゼントをあげた」로 작문하면 된다.

2 「のだ」: '~인 것이다'

앞에서 말한 것이나 그때의 상황에 대한 원인이나 이유를 설명할 때 많이 쓰인다. 또한 말하는 이의 강한 주장이나 자신의 결의를 나타내는 경우에도 자주 쓰인다.「のだ」는 문어체에서 쓰이는 것이 보통이고 회화체에서는「んだ・の」의 형태로 쓰인다.

◈「のだ」의 접속방법

	긍 정	부 정	과 거	과 거 부 정
동 사	行(い)くのだ	行(い)かないのだ	行(い)ったのだ	行(い)かなかったのだ
い형용사	おいしいのだ	おいしくないのだ	おいしかったのだ	おいしくなかったのだ
な형용사	元気(げんき)なのだ	元気(げんき)ではないのだ	元気(げんき)だったのだ	元気(げんき)ではなかったのだ
명 사	日本人(にほんじん)なのだ	日本人(にほんじん)ではないのだ	日本人(にほんじん)だったのだ	日本人(にほんじん)ではなかったのだ

◎ 용법

① 설명을 구하거나 설명을 함

ex) A：どうして遅(おく)れたんですか。(왜 늦은 거예요?)

B：ごめんなさい。人身事故(じんしんじこ)で電車(でんしゃ)がしばらく来(こ)なかったんです。

(죄송합니다. 인명사고로 전차가 한동안 오지 않았어요.)

ex) 医者(いしゃ)：今日(きょう)はどうされましたか。(오늘은 어떻게 오셨나요?(어떤 증상이신가요?))

患者(かんじゃ)：昨日(きのう)からのどが痛(いた)くて、咳(せき)が出(で)るんです。

(어제부터 목이 아프고 기침이 납니다.)

② 주장, 강한 의지의 표명

ex) 体(からだ)の調子(ちょうし)が悪(わる)くても病院(びょういん)には行(い)きたくないんだ。最近(さいきん)医療(いりょう)ミスも多(おお)いしね。

(몸 상태가 좋지 않아도 병원에는 가고 싶지 않아. 최근 의료 사고도 많고.)

僕がやると言ったらやるんだ。(내가 한다고 하면 해.)

誰がなんと言おうと私の意見は間違っていないのだ。

(누가 뭐라고 하던 내 의견은 틀리지 않아.)

③ 납득

ex) 変な男がうろうろしていた。だから犬がほえたのだ。

(이상한 남자가 어정거리고 있다. 그래서 개가 짖은 거다.)

ex) A：夜、ここで花火大会があるそうです。(밤에 여기서 불꽃놀이가 있답니다.)

B：そうなんですか。それで人がこんなに多いんですね。

(그래요? 그래서 사람이 이렇게 많은 것이군요.)

ex) 【それまでわからなかった機械の使い方がわかったとき】

なんだ、このボタンを押せばいいんだ。

【지금까지 몰랐던 기계의 사용법을 알게 되었을 때】

(뭐야, 이 단추를 누르면 되는 거네.)

④ 명령

ex) さっさと歩くんだ。(빨리 걸어!)

あんたは家へ帰るんだ。(너는 집에 가라!)

⑤ 추궁, 비난

ex) こんな時間にどこへ行くんですか。(이런 시간에 어딜 가는 겁니까?)

まだあの人に会うんですか。(아직도 그 사람을 만나는 거예요?)

3 「わけだ」: '~인 것(셈)이다, ~하게 되는 것도 당연하다'

말하는 사람이나 글 쓴 사람이 무엇인가에 대해서 설명하거나 해설할 때 사용되는 표현이다. 앞서 말한 발화나 앞에서의 문맥이 나타내는 사실, 상황 등에서 논리적으로 도출되는 결론을 말할 때 사용된다.

◈ 「わけだ」의 접속방법

	긍 정	부 정	과 거	과 거 부 정
동 사	行くわけだ	行かないわけだ	行ったわけだ	行かなかったわけだ
い형용사	おいしいわけだ	おいしくないわけだ	おいしかったわけだ	おいしくなかったわけだ
な형용사	元気なわけだ	元気ではないわけだ	元気だったわけだ	元気ではなかったわけだ
명 사	日本人なわけだ 日本人のわけだ 日本人というわけだ	日本人ではない わけだ	日本人だったわけだ	日本人ではなかった わけだ

◎ 용법

① 결론

ex) いつも遅刻をするから、先生に叱られるわけだ。

(항상 지각하니까 선생님께 꾸중을 듣는 것이다.)

20ページの宿題だから、一日に2ページずつやれば十日で終わるわけだ。

(숙제가 20페이지니까 하루에 2페이지씩 하면 열흘에 끝나는 셈이다.)

彼女は日本で10年間働いていたので、日本の事情にかなり詳しいわけである。

(그녀는 일본에서 10년 동안 일했기 때문에 꽤나 일본 사정에 밝은 것이다.)

彼女はフランスの有名なレストランで5年間修行をしたそうだ。

つまりプロの料理人というわけだ。

(그녀는 프랑스의 유명한 레스토랑에서 5년 동안 배웠다고 한다. 즉 전문요리사인 거다.)

② 말하는 이의 납득

ex) A：この ショートケーキとてもおいしいね。(이 조각 케이크 정말 맛있네.)

B：一つ800円もしたのよ。(하나에 800엔이나 했어.)

A：ああ、じゃ、おいしいわけね。(아, 그래서 맛있는 거구나.)

TIP 「わけだ」에 관련된 다양한 부정표현

①「わけがない」: ~일 리가 없다. '그럴 리가 전혀 없다' 라는 단정.
가능성 그 자체를 부정하는 것으로「はずがない」와 바꾸어 쓸 수 있다.

ex) けちな彼がお金を出すわけがない。(구두쇠인 그가 돈을 낼 리가 없다.)

②「わけではない」: (반드시)~인(라는) 것은 아니다. 부분부정, 완곡(婉曲)

ex) 値段がやすいからといって品質が悪いわけではない。

(가격이 싸다고 해서 품질이 나쁜 것은 아니다.)

③「わけにはいかない」: (~하고 싶은 마음은 간절하지만)~할 수 만은 없다.

ex) 車で来たので、誘われたからといって飲みに行くわけにはいかない。

(차로 왔으니 (술 마시러 가자는) 얘기를 들었다고 해도 마시러 갈 수만은 없다.)

TIP 「のだ」vs「わけだ」

「のだ」는 앞에서 말한 것에 대한 해설이나 설명을 주관적으로 말할 때, 「わけだ」는 어떤 근거에서 도출되는 당연한 결과(논리적인 귀결)를 나타낼 때 사용된다.

ex) A：その日、彼はひどい病気で一日中家にいました。

(그날 그는 심한 병으로 하루종일 집에 있었습니다.)

B：すると、その日は出かけなかった [わけだ・のだ]。

(그러면 그날은 외출하지 않은 거다.)

위의 예에서는「のだ」쪽이 조금 주관적으로 들리나 둘 다 사용이 가능하다.
그러나 다음의 예처럼 어떤 일의 사정을 주관적으로 추정하는 경우「わけだ」는 쓸 수 없다.

ex)【遅れている人を待ちながら】たぶん忙しい {*わけだろう・んだろう}。

【늦는 사람을 기다리면서】(아마도 바쁜 것이겠지.)

또한,「のだ, んです」는 이유를 나타낼 때 사용이 가능하지만,「わけだ」는 이유를 나타낼 수 없다.

ex)【遅れて来て】すみません。寝坊してしまった {*わけです／んです}

【늦게 와서】(죄송합니다. 늦잠을 자버렸습니다.)

늦잠을 잤기에 늦은 것이므로, 늦잠을 잔 것은 늦게 온 것에 대한 '이유'이다. 이 때문에 이유에 해당하는「寝坊してしまった」에「わけだ」의 사용은 어색함을 알 수 있다.

연 습 문 제

1. 다음 괄호 안에 들어갈 적당한 것을 고르시오.

(1) 妹は猫に餌を(　　　)ました。

①やり　　②くれ　　③もらい　　④いただき

(2) 李さんは先生に韓国のキムチを(　　　)ました

①あげ　　②くれ　　③ください　　④さしあげ

(3) リンさんは私に元気な子犬をくれました。

[두 문장이 같은 사례를 나타내도록 작문]

⇒私はリンさんから元気な子犬を(　　　)ました。

①あげ　　②くれ　　③もらい　　④いただき

(4) 小林さんは鈴木さんに花束をもらいました。

[두 문장이 같은 사례를 나타내도록 작문]

⇒鈴木さんは小林さんに花束を(　　　)ました。

①あげ　　②くれ　　③もらい　　④いただき

2. 다음 해석에 맞게 괄호 안에 들어갈 적당한 수수동사 표현을 쓰시오.

(1) 어제 친구에게 영화 티켓을 받았습니다.

⇒昨日、友達から映画のチケットを(　　　　　　)。

⇒昨日、友達は映画のチケットを(　　　　　　)。

(2) 고등학생 때까지 나는 엄마께 용돈을 받았습니다.

⇒高校生のときまで、私は母にお小遣いを(　　　　　　　　)。

⇒高校生のときまで、母は私にお小遣いを(　　　　　　　　)。

(3) 친구가 내 여동생에게 인형을 주었습니다.

⇒友達が私の妹に人形を(　　　　　　　　)。

⇒私の妹は友達に人形を(　　　　　　　　)。

(4) 다나카씨는 회사로부터 보너스를 받았습니다.

⇒田中さんは会社からボーナスを(　　　　　　　　)。

3. 다음 문장을 「んです」로 바꾸어 쓰시오.

(1) それはまったく知りませんでした。⇒ ____________________

(2) 昨日は忙しくて来ませんでした。 ⇒ ____________________

(3) 彼はあまり元気ではなかった。 ⇒ ____________________

(4) 彼はまだまだ精神的にも子供ですよ。⇒ ____________________

4. 「わけだ」를 사용하여 다음 한국어 뜻에 맞게 문장을 완성하시오.

(1) 일하지 않으니까 돈이 없는 것이다.

働かないんだから、お金が____________________

(2) 30% 할인이라면 2만엔 짜리는 만 4천 엔이 되는 셈이네요.

30パーセント割引というと、2万円のものは____________________

(3) 저 아이는 무서움을 타니까 귀신의 집에 들어갈 리가 없어.

あの子は怖がりだからお化け屋敷に＿＿＿＿＿＿＿＿＿＿＿＿＿＿＿＿

(4) 냉방이 28도로 되어 있네. 그러니까 더웠던 것이다.

冷房が28度になってるよね。だから＿＿＿＿＿＿＿＿＿＿＿＿＿＿＿＿

5. 다음 문장을 한국어로 해석하시오.

(1) こんな大事なことをどうして隠してたんですか。

⇒ ＿＿＿＿＿＿＿＿＿＿＿＿＿＿＿＿＿＿＿＿＿＿＿＿＿＿＿

(2) このカレー、特別なスパイスを使っているから、おいしいわけだ。

⇒ ＿＿＿＿＿＿＿＿＿＿＿＿＿＿＿＿＿＿＿＿＿＿＿＿＿＿＿

(3) この値段でこんな高性能とは、人気があるわけだ。

⇒ ＿＿＿＿＿＿＿＿＿＿＿＿＿＿＿＿＿＿＿＿＿＿＿＿＿＿＿

(4) 好きな人から誕生日プレゼントをもらって、とても嬉しかった。

⇒ ＿＿＿＿＿＿＿＿＿＿＿＿＿＿＿＿＿＿＿＿＿＿＿＿＿＿＿

6. 다음 문장을 일본어로 옮기시오.

(1) 죄송합니다. 셔틀버스가 늦게 와서 지각한 것입니다.

⇒ ＿＿＿＿＿＿＿＿＿＿＿＿＿＿＿＿＿＿＿＿＿＿＿＿＿＿＿

(2) 성적이 좋아서 학교에서 장학금을 받았습니다.

⇒ ＿＿＿＿＿＿＿＿＿＿＿＿＿＿＿＿＿＿＿＿＿＿＿＿＿＿＿

(3) 결과는 내가 예측한대로 되었다. 내 의견은 틀린 게 아닌 거다.

⇒ ＿＿＿＿＿＿＿＿＿＿＿＿＿＿＿＿＿＿＿＿＿＿＿＿＿＿＿

(4) 그는 한 번도 지각한 적이 없으니까 늦을 리가 없다.

⇒ ____

(5) 다음 주에 테스트가 있으니까 놀고 있을 수만은 없다.

⇒ ____

12 簡単にでもいいから教えてくれる？

＜ゴミの分別について話し合っているユミと木村＞

ユミ：この前ゴミを出したんだけど、また注意されちゃったの。「これは燃えるゴミじゃないよ」って言われたんだけど、何が違うのか分からなくて…。簡単にでもいいから教えてくれる？

木村：そうは大変だったね。日本の分別ルールはちょっと複雑だからね。いいよ。説明するね。

ユミ：本当？助かるよ！燃えるゴミと燃えないゴミってどうやって区分するべきなの？

木村：まず、燃えるゴミは主に紙や生ゴミなど、燃やせるものだよ。例えば、料理の残りやティッシュペーパーは燃えるゴミに入れるということだよ。

ユミ：なるほどね。じゃあ、プラスチックはどうなるの？

木村：地域によって違うけど、たいてい「プラスチック専用」に分けることが多いよ。

ユミ：じゃあ、燃えないゴミって何があるの？

木村：燃えないゴミに出すべきものは、例えば、壊れたお皿やスプレー缶だよ。ただし、スプレー缶は穴を開けてから捨てることだよ。

ユミ：ええ、それは初めて知ったよ！

木村：安全のためにそうするものだよ。火事を防ぐためなんだ。

ユミ：結構覚えることが多いね。でも木村君に教えてもらえてよかった。全て理解できたよ。

木村：それはよかった！困ったことがあったら、いつでもいいから声かけてくれよ。

주요문형 및 표현

~てあげる, ~てやる / ~てさしあげる：~해 주다 / ~해 드리다.

~てくれる / ~てくださる：~해 주다 / ~해 주시다.

~てもらう / ~ていただく：~해 받다.

~べきだ：~해야 한다.

~ものだ ：~하는 것(법)이다, ~하기 마련이다.

~ことだ ：~해라, ~하는 편이 좋다.

주요 단어

分別：분별

注意する：주의하다

燃えるゴミ：가연 쓰레기, 타는 쓰레기

ルール：규칙, 규범

複雑だ：복잡하다

燃えないゴミ：불연 쓰레기, 타지 않는 쓰레기

主に：주로

紙：종이

生ゴミ：음식물 쓰레기

燃やす：태우다

ティッシュペーパー：휴지, 티슈

プラスチック：플라스틱

専用：전용

ガラス：유리

金属：금속

お皿：접시

スプレー缶：스프레이 캔

穴：구멍

火事：화재, 불

防ぐ：막다

理解する：이해하다

困る：곤란하다

1 도움이 되는 행위를 주고 받는 '수익표현'을 나타내는 동사 : '~해 주다, ~해 받다'

수익표현이란 수급동사「あげる・くれる・もらう」등이 보조동사「~てあげる・~てくれる・~てもらう」의 형태로 사용되어 도움이나 이익이 되는 동작이나 행위를 주고 받는 것을 말한다. 즉, '누군가가 누구를 위하여 그런 행동을 해 주다' 라는 혜택 또는 은혜의 의미가 포함되어 있어 '고맙다' 라는 뉘앙스를 상대에게 나타낼 수 있는 표현이다.

ex) a. 田中(たなか)さんがうちの子(こ)と遊(あそ)んだ。(다나카씨가 우리 아이와 놀았다.)

b. 田中(たなか)さんがうちの子(こ)と遊(あそ)んでくれた。(다나카씨가 우리 아이와 놀아주었다.)

예문 a는 '다나카씨가 우리아이와 놀았다'라는 객관적인 사태만을 나타내는 표현이고, 예문 b는 '다나카씨가 우리아이와 놀아주었다'라는 감사의 의미를 포함한 표현이다.

(1)「~てあげる」「~てやる」「~てさしあげる」: '~해 주다・~해 드리다'

「~てあげる」「~てやる」「~てさしあげる」그룹은 주는 사람이 주어가 되는데, 숫자가 낮은 인칭이 높은 인칭에게, 혹은 3인칭이 3인칭에게 이익이 되는 행위를 할 때 사용된다.

◈「~てさしあげる」「~てあげる」「~てやる」그룹이 사용되는 경우와 인칭관계도

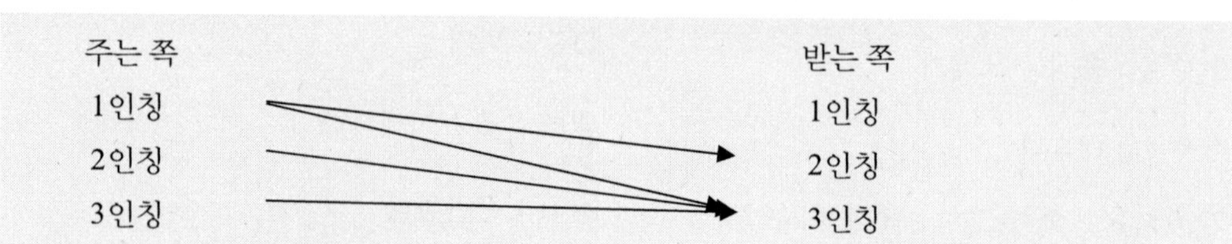

(1인칭 → 2인칭, 1인칭 → 3인칭, 2인칭 → 3인칭, 3인칭 → 3인칭)

① 「～てあげる」

「XがYに～を～てあげる」: 'X가 Y에게 ～을/를 해 주다'

「～てあげる」는 기본적인 수익표현으로 도움의 행위를 주고받는 사람의 서열관계가 동등할 경우에 사용되며, 인칭의 이동관계는 수급표현 「あげる」가 사용되는 상황과 동일하다.

ex) A：わあ、この熊の縫いぐるみ見て！かわいい。

(와～, 이 곰 인형 좀 봐, 귀엽다!)

B：もうすぐ誕生日だし買ってあげるよ。(좀 있으면 생일이니까 사 줄게.)

② 「～てさしあげる」

「XがYに～を～てさしあげる」: 'X가 Y에게 ～을/를 해 드리다'

「～てさしあげる」를 포함한 표현은 「～てあげる」의 겸양표현으로 자신을 낮추어 결과적으로 상대를 높이는 존경의 효과를 나타내며, 인칭의 이동관계는 수급표현 「さしあげる」가 사용되는 상황과 동일하다. 도움이나 이익이 되는 행위를 하는 사람보다 행위의 이익을 받는 사람이 서열상 높은 사람일 경우에 사용된다.

ex) 吉田君、高橋課長の仕事を手伝ってさしあげましたか。

(요시다군, 다카하시 과장님의 일을 도와 드렸습니까?)

③ 「～てやる」

「XがYに～を～てやる」: 'X가 Y에게 ～을/를 해 주다'

인칭의 이동관계는 수급표현 「やる」가 사용되는 상황과 동일하다. 「やる」를 포함한 표현은 도움, 이익이 되는 행위를 주는 사람보다 받는 사람이 서열상 낮은 경우에 사용된다.

ex) 弟：お兄ちゃん、この問題、解けないよ。(형, 이 문제 못 풀겠어.)

兄：この問題、前にも教えてやったじゃん。もう一度説明するからしっかり聞けよ。(이 문제 전에도 가르쳐줬잖아. 한 번 더 설명할 테니까 잘 들어.)

TIP 「～てあげる」「～てさしあげる」 사용상의 주의점

①「～てあげる」「～てさしあげる」 표현은 은혜를 베풀어 생색내는 인상을 주므로, 은혜를 받게 되는 상대를 앞에 두고 말할 경우에는 사용하지 않아야 한다.

(윗사람) * 先生、かばんを持ってさしあげます。

(*선생님, 가방을 들어 드리겠습니다.)

(손님) * お客様、会場まで案内してさしあげましょうか。

(*손님, 행사장까지 안내해드릴까요?)

이 때에는 겸양어를 만드는 형식인 「お+동사의 ます형+する(いたす)」・「ご+한자어 명사+する(いたす)」의 형태를 사용하여 작문하는 것이 바람직하다.

(윗사람) 先生、かばんをお持ちします(お持ちいたします)。

(선생님, 가방을 들어 드리겠습니다.)

→(손님) お客様、会場までご案内しましょうか。(ご案内いたしましょうか)。

(손님, 행사장까지 안내해드릴까요?)

한편, 윗사람이 아닌, 동등한 관계이거나, 손아랫사람인 경우에는 굳이 겸양어를 사용하지 않아도 되므로 아래와 같이 표현하면 된다.

(동등) 持ちます→持ちましょうか。

(손아래) 持ちます→持とうか。

② 은혜를 베푸는 상대에게 직접 말하는 경우가 아니라면, 도움이나 이익이 되는 동작이나 행위를 「~てあげる」「~てさしあげる」로 표현해도 무방하다.

子供(こども)：お母(かあ)さん、いっぱい荷物(にもつ)を持(も)っている人(ひと)がいたから、持(も)ってあげたよ。
(엄마, 짐을 잔뜩 든 사람이 있어서 들어 줬어요.)

母(はは)：そう、いいことしたわね。(그래, 좋은 일 했구나.)

(2) 「~てくれる」「~てくださる」: '~해 주다 · ~해 주시다'

「くれる」「くださる」그룹은 주는 사람이 주어가 되는데, 주고받는 관계에서 숫자가 높은 인칭이 주어가 되어 낮은 인칭에게 도움이 되는 행위를 해 줄 때나, 3인칭이 3인칭에게 도움이 되는 행위를 할 때 사용된다.

◈ 「~てくれる」「~てくださる」 그룹이 사용되는 경우와 인칭관계도

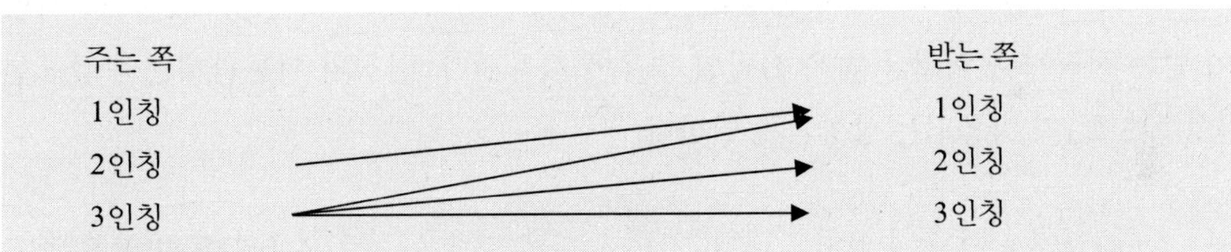

(2인칭 → 1인칭, 3인칭 → 1인칭, 3인칭 → 2인칭, 3인칭 → 3인칭)

① 「~てくれる」

「XがYに~を~てくれる」: 'X가 Y에게 ~을/를 해 주다'

「~てくれる」는 기본적인 수수표현으로 사용되며 인칭의 이동관계는 수급표현「くれる」가 사용되는 상황과 동일하다. 도움의 행위를 주고받는 사람의 서열관계가 동등하거나 낮은 경우에 사용된다.

ex) 先生(せんせい)：安田君(やすだくん)、手伝(てつだ)ってほしいことがあるんだけど、明日(あした)も学校(がっこう)に来(き)てくれる？(야스다군, 도와주었으면 하는 일이 있는데 내일도 학교에 와 줄래?)

安田(やすだ)：明日(あした)はちょっと…、両親(りょうしん)がプサンに来(く)る予定(よてい)なので。あさってなら大丈夫(だいじょうぶ)です。

(내일은 좀..., 부모님이 부산에 올 예정이어서. 모레라면 괜찮습니다.)

先生(せんせい)：そうなんだ。じゃ、あさって来(き)てくれる？

(그렇구나, 그럼 모레 와 줄래?)

安田(やすだ)：はい、わかりました。(네, 알겠습니다.)

② 「〜てくださる」

「XがYに〜を〜てくださる」：'X가 Y에게 ~을/를 해 주시다'

「くださる」는「くれる」의 존경표현으로, 도움이나 이익이 되는 행위를 하는 사람이 받는 사람보다 서열상 높은 사람일 경우에 사용된다. 인칭의 이동관계는 수급표현「くださる」가 사용되는 상황과 동일하다.

ex) 先生(せんせい)、すみません。風邪(かぜ)で休(やす)んだのですが、テストの範囲(はんい)を教(おし)えてくださいませんか。

(선생님, 죄송합니다. 감기로 쉬어서 그런데, 시험 범위를 가르쳐주시지 않겠습니까?)

ex) 社員(しゃいん)：来月(らいげつ)、私(わたし)、結婚(けっこん)するんですけど、スピーチをしてくださいませんか。(다음 달에 제가 결혼을 하는데요, 스피치를 해 주시지 않겠습니까?)

社長(しゃちょう)：あ、それはおめでとう。喜(よろこ)んでさせてもらうよ。

(아, 정말 축하해. 기꺼이 하지.)

TIP 3인칭끼리 사용하는 「~てあげる」와 「~てくれる」

ex1) *山田さんが木村さんに花を買ってくれる。

→山田さんが木村さんに花を買ってあげる。

(야마다씨가 기무라씨에게 꽃을 사 준다.)

ex2) 先生は私の妹に東京を案内してくれる。

(선생님은 여동생에게 도쿄를 안내해 준다.)

3인칭끼리 해당 행위를 주고받는 표현은 기본적으로 「~てあげる」를 사용하기 때문에 「~てくれる」로 표현하기 보다는 ex1)처럼 「~てあげる」를 사용하는 편이 적당하다.

그러나, ex2)처럼 행위를 받는 쪽이 화자의 가족인 경우라면 외형상으로는 같은 3인칭이라 해도, 1인칭에 상당하는 역할을 하므로 길 안내는 3인칭인 '선생님'으로부터 1인칭에 상당하는 '여동생'에게 이루어진 셈이 된다. 즉, 숫자가 높은 인칭에서 낮은 인칭으로 행위를 제공한 셈이 되므로, 「あげる」계열이 아닌 「くれる」계열이 사용되는 것이 적당하다.

(3) 「~てもらう」「~ていただく」: '~를 해 받다'(직역)

「~てもらう」 및 「~ていただく」는 도움이나 이익이 되는 행위를 제공받을 때 쓰는 표현이다. 주어는 동작이나 행위를 받는 사람이고, 「に・から」격은 동작이나 행위를 주는 사람이 된다. 직역하면 '~에게 ~를 해 받다'가 되나 한국어에서는 없는 표현이므로, 주는 사람을 주어로 하여 '~가 ~를 해 주다'로 의역하거나, 이들 표현이 주로 주어가 「に・から」격에게 어떤 행위를 의뢰하여 제공받는 경우에 많이 사용된다는 점에서, '~에게 ~해 달라고 하다' 로 의역하는 편이 자연스럽다.

수급표현 「もらう」「いただく」와 마찬가지로 받는 사람이 주어가 되는데, 주고받는 관계에서 숫자가 낮은 인칭이 주어가 되어 숫자가 높은 인칭에게 해당 행위를 제공받을 때, 혹은 3인칭이 3인칭에게 행위를 제공받을 때 사용된다.

◈ 「～てもらう」「～ていただく」그룹이 사용되는 경우와 인칭관계도

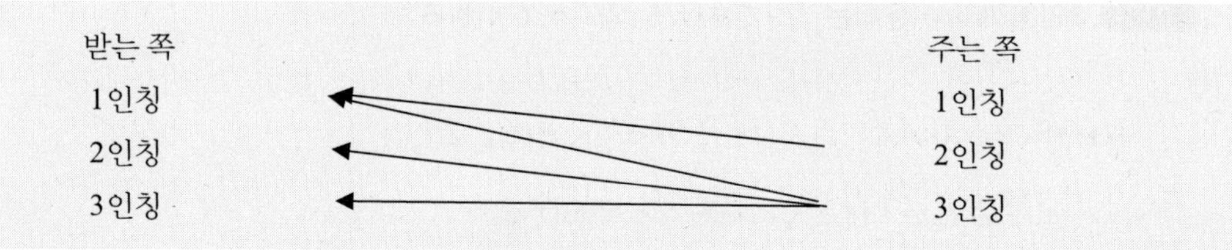

(1인칭←2인칭, 1인칭←3인칭, 2인칭←3인칭, 3인칭←3인칭)

① 「YがXに～を～てもらう」: '(의역하여) X가 Y에게 ～을/를 해 주다'
'(의역하여) Y가 X에게 ～을/를 해 달라고 하다'
(의뢰의 의미가 있는 경우)

「～てもらう」는 도움이 되는 행위를 받은 사람과 그 행위를 한 사람의 서열관계가 동등하거나 낮은 경우에 사용되며, 인칭의 이동관계는 수급표현 「もらう」와 동일하다.

ex) A: この報告書、私たち二人では無理だから、だれかに手伝ってもらいましょうか。(이 보고서 둘이서는 무리니까 누군가에게 도움을 받을까요?)

B: う～ん、田中さんにお願いしましょうか。(음~. 다나카씨에게 부탁할까요?)

② 「YがXに～を～ていただく」: '(의역하여) X가 Y에게 ～을/를 해 주시다'
'(의역하여) Y가 X에게 ～을/를 해 주십사 부탁하다'
(의뢰의 의미가 있는 경우)

「～ていただく」는 「～てもらう」의 겸양표현으로, 자신을 낮추어 결과적으로 상대를 높이는 존경의 효과를 나타낸다. 그 때문에 행위를 하는 사람이 도움이나 이익이 되는 행위를 받는 사람보다 서열이 높은 경우에 사용되며, 인칭의 이동관계는 수급표현 「いただく」와 동일하다.

ex) 学生：この数式がよくわかりません。もう一度説明していただけませんか。 (이 수식을 잘 모르겠습니다. 한 번 더 설명해 주시지 않겠습니까?)

先生：じゃあ、もう一度説明するからよく聞いてくださいね。

(그럼 한 번 더 설명할 테니 잘 들으세요.)

TIP 「~てもらう」와 「~てくれる」의 차이점

「~てもらう」와 「~てくれる」는 같은 사실관계를 나타내고 있다. 그러나 「~てくれる」의 경우 상대가 자발적으로 한 행동인 경우가 많은데 비해, 「~てもらう」는 상대가 자발적으로 한 행동에도 쓰일 수 있지만, 상대에게 해당 행위를 의뢰한 결과, 상대가 해 준 행위를 나타내는데 쓰일 수 있다는 특징이 있다. 즉, 「~てもらう」는 '의뢰'의 의미를 나타낼 수 있다는 점에서 「~てくれる」와 다소 차이가 있다.

ex) 友達が私に本を貸してくれた。(친구가 나에게 책을 빌려주었다.)

→ 친구가 자발적으로 책을 빌려주었다는 의미를 나타냄.

ex) 私は友達に本を貸してもらった。(친구가 나에게 책을 빌려주었다.)

→ 친구에게 빌려달라는 의뢰를 한 결과, 친구가 책을 빌려주었다는 의미를 나타낼 수 있음.

그러나 「~てもらう」가 항상 의뢰 및 요청의 의미가 있는 것은 아니다. 의뢰 및 요청의 의미가 있는 경우와 없는 경우가 있다.

ex) A：ケイタイどうしたの。 (휴대폰 어떻게 했니?)

B：今、修理してもらってるよ。 (지금 수리 받고 있어.)

→ 의뢰 및 요청의 의미가 있음.

ex) この本を通していろんなことを教えてもらった。

(이 책을 통해서 여러 가지를 배웠다.)

→ 의뢰 및 요청의 의미가 없음.

2 「~べきだ」: '~하는 것이 바람직하다'

상대방이나 제3자의 행위나 일에 대해, '그렇게 하는 것이 바람직하다(마땅하다), 맞는 것이다, 당연한 의무이다'라고 조언하거나 충고하는 뜻으로 사용되며, 말하는 이의 평가를 나타내는 표현이다. 상대방에게 주의를 주거나 명령을 하는 의미도 가지므로 윗사람이나 친하지 않은 사람에게는 사용하지 않는 것이 좋다.

◈ 「~べきだ」의 접속방법

동사 사전형 + べきだ	行(い)くべきだ
い형용사의 어간 + くあるべきだ	やさしくあるべきだ
な형용사의 어간 + であるべきだ	まじめであるべきだ

◎ 용례

ex) 学生(がくせい)は一生懸命(いっしょうけんめい)勉強(べんきょう)するべきだ。

(학생은 열심히 공부해야 한다.)

ex) A：海外(かいがい)ボランティアに行(い)こうと思(おも)っているんだ。どう思(おも)う？

(해외 봉사활동 하러 가려고 해, 어떻게 생각해?)

B：それは、行(い)くべきだよ。いい経験(けいけん)になると思(おも)う。

(그야 가는 게 좋지. 좋은 경험이 될 거야.)

ex) 顧客(こきゃく)への対応(たいおう)は誠実(せいじつ)であるべきだ。

(고객에 대한 대응(응대)는 성실해야 한다.)

「べきだ」는 동사 사전형에 접속이 되는데, 단 「する」는 「するべきだ」와 「すべきだ」의 두 가지 형태로 사용된다. 또한 자신의 행위에 대해서는 「べきだ」로 문장을 끝낼 수 없다.

ex) *成績がさがった。私はもっと勉強すべきだ。

(성적이 내려갔다. 나는 좀 더 공부해야 한다.)

→成績がさがった。私はもっと勉強すべきだと思う。

(성적이 내려갔다. 나는 좀 더 공부해야 한다고 생각한다.)

부정형은「べきではない」의 형태로 쓰여 상대방의 행위에 대해 '그렇게 하는 것은 바람직하지 않다, 맞지 않다, 그렇게 해서는 안 된다' 라는 충고나, 권유, 금지의 뜻으로 쓰인다.

ex) そんなに感情的になるべきじゃないよ。冷静に考えたほうがいいよ。

(그렇게 감정적이 되면 안 돼. 냉정하게 생각하는 편이 좋아.)

또한 과거형「べきだった」와 과거부정형「べきではなかった」의 형태로 사용되면, 타당하다고 평가되는 사태가 실현되지 못했다는 의미가 되어 '그렇게 했더라면 좋았다', '그렇게 하지 않았더라면 좋았다' 라는 후회나 불만의 기분을 나타낸다.

ex) 昨日のうちに宿題を済ませておくべきだった。(어제 숙제를 끝내두었어야 했다.)

彼にあんなひどいことを言うべきではなかった。

(그에게 그렇게 심한 말을 하는 것이 아니었다.)

3 「ものだ」: '~하는 것(법)이다, ~하기 마련이다'

말하는 이가 '그렇게 하는 것이 일반적이다', '상식적으로 봤을 때 그렇게 하는 것이 당연하다' 고 판단하여 말할 때 사용한다. 주로 어린이나 아랫사람에게 주의를 주거나 설교하는 뉘앙스로 자주 사용된다. 말하는 이의 주관적인 일반론이나 상식적인 사항을 말할 때 사용되는 표현이므로 신문 보도나 논문 등의 객관적인 문장에는 사용되지 않는다. 당위성 이외에 어떤 일에 대해 놀라거나 칭찬의 기분을 나타낼 때, 말하는 이의 희망사항을 말할 때에도 쓰인다.

단, 동사 과거형과 접속하는 경우는 당위성을 나타내는 표현이 아닌, '~하곤 했었다' 라는 과거의 회상을 나타내는 표현이 되니 해석에 주의할 필요가 있다.

◈ 「ものだ」의 접속방법

	긍 정	부 정	과 거	과거부정
동 사	行くものだ	行かないものだ	行ったものだ	行かなかったものだ
い형용사	おいしいものだ	おいしくないものだ	おいしかったものだ	おいしくなかったものだ
な형용사	元気なものだ	元気ではないものだ	元気だったものだ	元気ではなかったものだ

◎ 용법

① 본질, 당위성, 주의(설교)

ex) 人間はいつかは死ぬものだ。(인간은 언젠가는 죽기 마련이다.)

【엄마가 아이에게】 親の言うことは聞くものだよ。(부모 말은 잘 들어야하는 거야.)

無理に激しい運動をするのは体によくないものだ。

(무리하게 강한 운동을 하는 것은 몸에 좋지 않은 법이다.)

何の準備も知識もなく、知らない国を旅行するのは危険なものだ。

(아무런 준비도 지식도 없이 모르는 나라를 여행하는 것은 위험하기 마련이다.)

② 감탄, 칭찬

ex) A：タバコをやめてから、もうどのぐらい? (담배 끊은 지 벌써 얼마나 됐지?)

B ：3カ月ぐらいになるかな。(3개월 정도 될까.)

A：立派だなあ、よく続くものだね。うらやましいよ。

(훌륭해, 잘도 계속하네. 부러워.)

ex) 小学生がよくこんな難しいバイオリン曲を弾くものだ。大したもんだなあ。

(초등학생이 이런 어려운 바이올린 곡을 연주하다니. 대단하구나.)

③ 원망(願望)

ex) 平和な世の中になってほしいものだ。(평화로운 세상이 되었으면 좋겠다.)

新入社員には、初めて入社したときの気持ちを忘れないでほしいものです。

(신입사원들은 처음 회사에 들어왔을 때의 기분을 잊지 말아 주기를 바랍니다.)

TIP 「ものだ」와 관련된 표현

①「ものではない」

화자가 상식적으로 생각해 봤을 때 '그런 일은 성립할 수 없다', '그런 일을 해서는 안 된다'라고 판단하여 말할 때 사용한다.

ex) 哲学の本を一冊読んだぐらいで人生の意味がわかるものではない。

(철학책을 한 권 읽은 정도로 인생의 의미를 알 수는 없다.)

人の悪口は言うものではない。

(남의 험담은 하는 게 아니다.)

人の絵を勝手にコピーするものではありません。

(다른 사람의 그림을 마음대로 복사해서는 안 됩니다.)

②「~たものだ」

'~하곤 했었다' 라는 과거의 습관이나, 지금과는 다른 옛날에 대한 과거 회상을 나타낼 때 사용한다.「~たものだった」의 형태로도 사용이 가능하다.

ex) 子どもの頃、寝る前に母がよく昔話をしてくれたものだ。

(어렸을 때는 자기 전에 엄마가 자주 옛날이야기를 해주곤 했었다.)

高校時代は毎日のように図書館へ勉強に行ったものだ。

(고교시절에는 매일처럼 도서관에 공부하러 가곤 했었다.)

以前は、お正月はどの店も休みだったものだ。

(예전에는 설날에는 대부분의 가게가 문을 닫았었다.)

4 「ことだ」: '~해라, ~하는 편이 좋다'

말하는 이가 자신의 개인적인 의견이나 판단을 토대로 상대방을 위해 조언하거나 충고할 때 사용한다. 따라서 상대방에게 주의사항이나 실천해야 할 일을 강조할 때 유용하므로 조언이나 규칙을 전달할 때, 어떤 행동을 권고하거나 금지할 때 적합하다.

동사에 접속할 경우 조언이나 충고를 나타내고, 감정을 나타내는 い형용사나 な형용사에 접속할 경우에는 감동(감탄)이나 아쉬움(유감)을 표현할 수 있다.

◈ 「ことだ」의 접속방법

	긍 정	부 정	과 거	과거부정
동 사	行くことだ	行かないことだ	-	-
い형용사	嬉しいことだ	嬉しくないことだ	-	-
な형용사	結構なことだ	-	-	-

◎ 용법

① 조언, 충고, 명령

ex) 健康になりたければ、早寝早起きすることだ。

(건강해지고 싶다면, 일찍 자고 일찍 일어나는 편이 좋다.)

N1に合格したいのなら、毎日一生懸命勉強することだ。

(N1에 합격하고 싶다면 매일 열심히 공부해야 한다.)

お世話になった人には、ちゃんと感謝を伝えることだ。

(신세진 사람에게는 반드시 감사함을 전해야 한다.)

この水は飲料水ではないので、飲まないこと。

(이 물은 음료수가 아니므로 마시지 말 것.)

一人で危ない場所に行かないことだ。

(혼자서는 위험한 장소에 가지 않는 것이 좋다.)

② 감동(감탄), 유감

ex) 自分の意見を持つというのは結構なことだ。

(자기 의견을 가진다는 것은 훌륭한 일이다 .)

いつまでもお若くて、うらやましいことです。

(항상 젊으셔서 정말 부럽습니다.)

計画がうまくいかなかったのは残念なことだ。

(계획대로 되지 못한 것은 유감스러운 일이다.)

「～ことはない」: '～할 필요는 없다 (~지 않아도 된다)'

어떤 행위나 행동에 대해서 그럴 필요가 없다는 뜻으로 상대에게 조언하거나 상대를 안심시킬 때 자주 사용된다.

ex) 時間はたっぷりあるから、急ぐことはないよ。

(시간은 충분히 있으니까 서두를 필요는 없어.)

今すぐ決めることはない。じっくり考えてからでも遅くないよ。

(지금 당장 결정할 필요는 없어. 신중히 생각한 뒤에도 늦지 않아.)

その件についてはもう説明することはない。みんな理解しているから。

(그 건에 대해서는 더 이상 설명할 필요가 없어. 모두 이해하고 있으니까.)

TIP 「べきだ」vs「なければならない」

「べきだ」의 기본적인 의미는 '그것(그렇게 하는 것)이 마땅하다(바람직하다)' 라는 말하는 이의 평가를 나타내는 것이다. 즉, 어떤 사태에 대한 타당성을 나타내기 때문에 그 사태를 실현시킬지 어떨지를 선택할 여지가 있는 경우에 한해 사용된다. 그러므로 규칙과 같이 선택의 여지가 없는 것, 확실히 정해져 있는 예정에 대해서는 사용할 수 없다.

다음 예의 경우는「なければならない」를 사용하는 것이 적합하다.

ex) 운전을 하려면 면허를 따지 않으면 안 된다.

*車を運転するには免許をとるべきだ。

車を運転するには免許をとらなければならない。

ex) 리포트는 내일까지는 제출해야 한다.

* レポートは明日までに提出すべきだ。

レポートは明日までに提出しなければならない。

TIP 조언을 할 때의「べきだ」·「ものだ」·「 ことだ」의 차이

「べきだ」·「ものだ」·「ことだ」는 조언을 할 때 사용될 수 있는 표현이지만 의미적인 차이가 있다.「べきだ」는 '그렇게 하는 것이 마땅하다(바람직하다)'라는 자신의 평가가 포함된 어드바이스로써 논리적인 어감을 나타낸다. 그리고「ものだ」는 '일반적으로 그런 것이다' 라는 사회적인 통념을 토대로 한 어드바이스로써 모두가 그렇게 생각한다는 어감을 나타낸다. 또한 「ことだ」는 '그렇게 하는 편이 좋다'라는 문제해결을 위한 가장 중요한 것에 대한 자신의 생각을 전달하는 조금은 부드러운 느낌의 어드바이스이다.

ex) 健康のために運動するべきだ。

(건강을 위해 운동하는 것이 마땅하다. → 의무, 강한 권고)

大人は健康のために運動するものだ。

(어른들은 건강을 위해 운동하는 법이다 . → 일반적인 상식, 자연스러운 조언)

健康になりたいなら運動することだ。

(건강해지고 싶다면 운동하는 게 좋다. → 부드럽고 가벼운 권고)

그리고「べきだ」는 일반적인 사항과 개별적인 사항 양쪽 다 사용이 가능하지만,「ことだ」는 특정 개인에게 주로 사용된다. 이에 비해「ものだ」는 당위성이 강하므로 특정 개인에게 사용할 수 없다는 차이점이 있다.

ex) * 君、成績がよくないね。もっと勉強するものだよ。

(* 자네, 성적이 좋지 않군. 좀 더 공부해야 하는 법이야.)

君、成績がよくないね。もっと勉強するべきだよ。

(자네, 성적이 좋지 않군. 좀 더 공부하는 것이 바람직해.)

君、成績がよくないね。もっと勉強することだよ。

(자네, 성적이 좋지 않군. 좀 더 공부하는 편이 좋아.)

연 습 문 제

1. 다음 괄호 안에 적당한 표현을 넣어 두 문장이 동일한 사태를 나타내도록 만드시오.

(1) 山田先生は私に日本語を教えてくださいました。

⇒ 私は山田先生に日本語を教えて(　　　)ました。

① あげ　② ください　③ いただき　④ もらい

(2) 鈴木さんは私にスキーに行った時の写真を見せてくれました。

⇒ 私は鈴木さんにスキーに行った時の写真を見せて(　　　)ました。

① もらい　② くれ　③ やり　④ あげ

(3) 先生は私に地図を書いて(　　　　)。

① あげた　② くれた　③ くださった　④ いただいた

⇒ 私は先生に地図を書いて(　　　　)。

① あげた　② くれた　③ くださった　④ いただいた

(4) 私が風邪をひいた時、弟が薬を買って来てくれた。

⇒ 風邪をひいた時、弟に薬を買って来て(　　　　)。

① あげた　② くれた　③ もらった　④ いただいた

2. 다음 해석에 맞게 수수표현을 괄호 안에 쓰시오.

(1) 그가 그녀를 후지산에 데리고 가 주었다.

⇒ 彼が彼女を富士山へ(　　　　　　　　　　　　　　)。

(2) 여행에서 돌아오는 길에 차로 사장님을 댁까지 모셔다 드렸다.

⇒ 旅行の帰りに車で社長を家まで(　　　　　　　　　　　　　　)。

(3) 컴퓨터가 작동되지 않아 친구가 고쳐 주었습니다.

⇒ パソコンが動かなくなって、友だちに(　　　　　　　　　　　　　　)。

(4) 어제는 너무 바빠서 친구에게 도움을 받았습니다.

⇒ 昨日はとても忙しくて、友だちに(　　　　　　　　　　　　　　)。

3. 다음 문장의 차이점에 대해 생각해 보시오.

(1) ① チョンさんが写真を見せました。

② チョンさんが写真を見せてくれました。

(2) ① 鈴木さんに論文を直されました。

② 鈴木さんが論文を直してくれました。

(3) ① 金本さんはドアを閉めました。

② 金本さんにドアを閉められました。

③ 金本さんがドアを閉めてくれました。

4. 다음 문장을 한국어로 해석하시오.

(1) 友達が手伝ってくれたから、早く仕事が片付いた。

⇒ ______________________________

(2) もう一度発表の日程を調整していただけませんでしょうか？

⇒ ______________________________

(3) 健康は失って初めてその大切さに気づくものだ。

⇒ ______________________________

(4) あなたはもっと早く私に謝るべきだった。

⇒ ______________________________

(5) 失敗を恐れないことだ。それが成功への第一歩だから。

⇒ ______________________________

(6) 地球温暖化のことを考えると、車じゃなくて自転車で学校に通うべきだよ。

⇒ ______________________________

5. 다음 문장을 일본어로 옮기시오.

(1) 중국인 유학생이 나에게 중국어를 가르쳐 주었습니다.

⇒ ______________________________

(2) 내일 선생님께 시험 해설을 받을 예정입니다.

⇒ ______________________________

(3) 예전엔 계절이 바뀔 때마다 친구들과 놀러 가곤 했었다.

⇒ ______________________________

(4) 수업 중에는 휴대폰 전원을 꺼두는 것이 바람직하다.

⇒ ____

(5) 학창 시절에 좀 더 공부를 열심히 해 두었어야 했다.

⇒ ____

(6) 모든 것을 혼자 할 필요는 없어. 도와줄 사람이 많으니까.

⇒ ____

13 発音のチェックをお願いしてもいいですか

＜スピーチ大会について話しているユミとりえ＞

ユミ：りえちゃん、聞いて！今度、日本語のスピーチ大会に出ることになったの！

りえ：え、すごいじゃん！いい経験になりそうだね。いつ？

ユミ：来月なんだけど、まだ練習が足りないから、これから本気で頑張るよ。

りえ：準備が大変そうだね。何か手伝えることがあったら言って。

ユミ：ありがとう。じゃあ、発音のチェックをお願いしてもいいかな？

りえ：もちろん！発音が自然になるように、一緒に練習しよう。

ユミ：うん、自然に話せるようになりたいな。あと、もっと自信を持てるようにしないと。

りえ：内容も大事だよね。テーマは何にしたの？

ユミ：日本での留学生活について話すことにしたよ。

りえ：いいテーマだね。日本語も上手くなったし、自分の経験を話せるからきっと伝わるよ。

ユミ：間違えずに話せるように、何度も練習しなきゃいけないね。

りえ：でも、練習すればするほど自信がつくから、焦らないように。

ユミ：ありがとう。そう言ってくれて自信が出てきたよ。

りえ：それはよかった！本番ではリラックスして楽しんで話せるようにするといいよ。

練習にも付き合うから、いつでも声をかけてもいいよ。

ユミ：いつもありがとう！頑張ります！

주요문형 및 표현

～てもいい：～해도 좋다.

ことになる：하게 되다.

ことになっている：하기로 되어 있다.

ことにする：하기로 하다.

ことにしている：하기로 하고 있다.

주요 단어

スピーチ大会：스피치 대회

練習(する)：연습(하다)

本気で：진심으로

大変だ：힘들다, 큰일이다

発音：발음

チェック：체크

お願いする：부탁하다

自然に：자연스럽게

自信：자신

内容：내용

大事だ：중요하다

テーマ：테마, 주제

留学生活：유학 생활

上手くなる：잘 되다

焦る：초조해하다

本番：본방, 실전

リラックスする：릴랙스하다, 긴장을 풀다

楽しむ：즐기다

付き合う：함께 하다

声をかける：말을 걸다

1 「~てもいい」: '~해도 좋다'

허가의 표현으로 그 행위가 용인된다는 것을 나타내는 표현이다. 듣는 이에게 허가를 구할 때에는 의문문의 형태로 자주 쓰인다. 듣는 사람이 어떤 행위를 하는 경우에는 듣는 이에게 허가를 부여하는 표현이 된다.

◈ 「~てもいい」의 접속방법

동 사	동사의 て형 + てもいい	話してもいい
い형용사	い형용사의 て형 + てもいい	高くてもいい
な형용사	な형용사의 어간 + でもいい	不まじめでもいい

◎ 용례

ex) 暑いので窓を開けてもいいですか。(더워서 그런데 창을 열어도 될까요?)

君、今日はもう帰ってもいいよ。(자네, 오늘은 이제 귀가해도 돼.)

少し高くてもいいから、気に入ったものを買ってね。

(조금 비싸도 되니까 마음에 드는 것을 사렴.)

「~てもいい」 보다 소극적이며 부드러운 표현으로는 「~てもかまわない(~해도 상관없다)」를 사용한다. 불필요를 나타내는 표현으로는 「なくてもいい(~하지 않아도 된다)」를 사용한다.

ex) 今日はお金を払わなくてもかまわないらしいよ。

(오늘은 돈을 지불하지 않아도 되는 모양이에요.)

忙しい人は会議に参加しなくてもいいです。

(바쁜 사람은 회의에 참석하지 않아도 됩니다.)

TIP 「～てもいいですか」에 대한 대답

「～てもいいですか」라는 질문에 「～てもいいです」로 대답하는 것은 경우에 따라 실례가 될 수도 있으므로 주의할 필요가 있다. 이는 「～てもいい」가 '허가'를 나타내는 표현이기 때문이다.

【B의 집에 초대받아 간 A가 B의 집 정원에 있는 꽃을 보고】

ex) A：この花、撮ってもいいですか。(이 꽃, 찍어도 되나요?)

?B：はい、撮ってもいいです。(네, 찍어도 됩니다.)

위의 예문에서, B는 A의 「この花、撮ってもいいですか」라는 질문에, A가 「～てもいいですか」의 형태로 물었으니 별생각 없이 「はい、撮ってもいいです」로 대답할 수도 있겠지만, A는 B의 대답이 다소 고압적이라고 느낄 수 있다. 자기 정원에 핀 꽃을 사진으로 찍는다는 것은 허가나 허용을 해 줄 만큼의 행위에 해당되지 않는다고 판단할 수 있기 때문이다. 이 경우라면 아래처럼 「はい、どうぞ撮ってください」정도의 대답이 무난할 것이다.

ex) A：この花、撮ってもいいですか。(이 꽃, 찍어도 되나요?)

B：はい、どうぞ(撮ってください。)(네, 찍으세요.)

「～てもいいですか」 라는 질문을 받았을 경우에는 일단 어떠한 상황에서 이러한 질문이 나왔는지에 대한 상황을 잘 파악하고, 대답할 때에 실례가 되지 않도록 주의할 필요가 있겠다.

2 「ことになる」: '~하게 되다'

동사의 사전형에 접속하여 어떤 일이 말하는 이의 의지와 관계없이 외적인 요인에 의해 정해지거나 결정되었다는 결과를 나타낼 때 사용되는 표현이다. 즉, 앞으로 일어날 장래의 일이 어떤 결정이나 합의가 이루어져 그런 결과가 되었다는 것을 나타낸다.

◎ 용례

ex) 今度名古屋支社に行くことになりました。(이번에 나고야 지사로 가게 되었습니다.)

私がその仕事を担当することになりました。(제가 그 일을 담당하게 되었습니다.)

「ことになっている」의 형태로 쓰이면 법률이나 규칙, 관례로 정해져 구속력이 있음을 나타내게 된다.

ex) 教室では日本語だけで話すことになっている。

(교실에서는 일본어로만 말하게 되어 있다.)

또한, 「こととなる」라는 표현도 있는데 「ことになる」와 같은 의미를 나타내는 보다 격식 차린 말투로 문어체적인 표현이다.

ex) 今年から担当部署が変わることとなりました。

(올해부터 담당 부서가 바뀌게 되었습니다.)

TIP 「ことになる」 vs 「ようになる」

「ことになる」는 법칙, 필연적인 귀결, 상부로부터의 결정 등을 나타내어 「~하게 되다」로 해석되고, 「ようになる」는 어떤 상태의 변화를 나타내는데 습관이나 능력이 생겼다는 의미를 가질 때가 많다.

ex) 来年の誕生日で、いよいよ定年退職することになった。(*ようになった)
(내년 생일에는(생일을 기준으로) 드디어 정년퇴직하게 되었다.)
→ 정년퇴직하기로 되어 있었던 것은 상부 혹은 외부로부터의 결정에 의해 미리 정해져 있는 규칙・예정이며 그 규칙에 따른 필연적인 귀결이므로 「ことになる」가 적합.

ex) 来年から東京支店で勤務することになった。(*ようになった)
(내년부터 도쿄 지점에서 근무하게 되었다.)
→ 상부 혹은 외부로부터의 결정에 의해 정해져 있는 지시・결정대로 도쿄 지점에서 근무하게 되었음을 나타내므로 「ことになる」가 적합.

ex) 毎日の練習で、やっとチームが団結するようになった。(*ことになった)
(매일의 연습의 영향으로 겨우 팀이 단결하게 되었다.)
→ 정해져 있는 규칙이나 예정에 의해 그렇게 된 것이 아니라, 매일 연습을 한 영향으로 단결력이 약했던 팀에서 단결력이 강한 팀으로 상태, 성향의 변화가 이뤄졌다는 뉘앙스이므로 「ようになる」가 적합.

ex) 結婚してからは、怠け者の私も真面目に働けるようになった。(*ことになった)
(결혼한 후로는, 게으름뱅이인 나도 성실히 일할 수 있게 되었다.)
→ 결혼과 함께 본인의 상태, 성향이 변화・변경된 것을 나타내므로 「ようになる」가 적합.

TIP 「ようになる」 사용상의 주의점

「ようになる」는 기본적으로 상태의 변화를 나타내므로 원래 그 자체가 변화를 나타내는 동사(太る, やせる, 変わる, 伸びる, 増える, 減る)와는 함께 쓰이지 않는다는 점에 주의해야 한다.

ex) *冬休みにたくさん食べて太るようになりました。
(겨울방학에 많이 먹어서 살찌게 되었습니다.)
→ 冬休みにたくさん食べて太りました。(겨울방학에 많이 먹어서 살쪘습니다.)

한국인 일본어 학습자들이 「ようになる」의 해석이 「~하게 되다」 이므로 어떤 변화를 나타내지 않는 상황에서도 사용하여 오용을 일으키는 경우가 있으므로 주의를 해야 한다.

ex) *今回発表するようになったキムミナです。
→ 今回発表することになったキムミナです。(이번에 발표하게 된 김미나입니다.)

3 「ことにする」: '~하기로 하다'

앞으로의 행위에 대해 말하는 이가 주체적으로 정한 결정, 결의 등을 나타낸다. 또한 「ことにしよう」의 형태로 쓰이면 그렇게 취급하자는 뜻으로 쓰인다.

◎ 용례

ex) その仕事は引き受けないことにした。(그 일은 맡지 않기로 했다.)

来週からジョギングすることにしよう。(다음 주부터 조깅을 하기로 하자.)

その話は聞かなかったことにしましょう。(그 이야기는 듣지 않은 걸로 합시다.)

이와 같이 「ことにする」는 말하는 이의 결정을 나타내므로 자신의 의지로 선택할 수 없는 일의 경우에는 부자연스럽다.

ex) *来月出張で東京に行くことにしました。

(다음 달에 도쿄로 출장 가기로 했습니다.)

위 예문의 경우에는 「ことになる」를 사용하면 된다.

ex) 来月出張で東京に行くことになりました。

(다음 달에 도쿄로 출장을 가게 되었습니다.)

그러나 말하는 이 자신의 의지(결정)일지라도 다음 예문처럼 「ことにする」 대신 「ことになる」가 가능한 경우도 있다. 이 경우에는 「ことになる」가 조금 더 부드러운 뉘앙스를 가진다.

ex) 今年、木村さんと結婚することにしました。

(올해에 기무라씨와 결혼하기로 했습니다.)

→ 今年、木村さんと結婚することになりました。

(올해에 기무라씨와 결혼하게 되었습니다.)

TIP 「ことにする」 vs 「ようにする」

「ことにする」는 어떤 목적을 위해 스스로가 결정을 내려 그렇게 하기로 했다는 것에 주안점이 놓이고, 「ようにする」는 어떤 행위나 상황을 성립시키기 위해 노력하고 유의하거나 배려한다는 뉘앙스를 나타낸다.

ex) 健康のために毎日朝食を食べることにした。

(건강을 위해서 매일 아침을 먹기로 했다.)

大きな字で書いて老人にも読みやすいようにする。

(큰 글씨로 써서 노인들도 읽기 쉽도록 한다.)

TIP 「ことになっている」 vs 「ようになっている」
「ことにしている」 vs 「ようにしている」

①「ことになっている」

: 변경이 불가능한 예정, 규칙이나 법률, 생활습관, 습관을 나타냄

→ 구속력을 가짐

②「ようになっている」

: 변경 가능한 예정 혹은 규칙 등을 지키는 것에 대한 기대를 나타냄

→ 청자에게 가능한 한 따라주기를 희망하는 의미를 지니며 큰 구속력은 가지지 않음

ex) 熱がある学生は別の教室で試験を受けることになっている。

(열이 있는 학생은 별도의 교실에서 시험을 치르게 되어 있다.)

→ 강한 구속력이 있는 상황, 변경이 불가능한 상태, 규정 등을 나타내는 경우

ex) 今回の実技試験は第2運動場で行うようになっている。

(이번 실기시험은 제 2운동장에서 행하게 되어 있다.)

→ 강한 구속력은 없으며 그러한 규칙이 있으니 지켜주기를 요망하는 정도의 뉘앙스를 지님

③「ことにしている」: 스스로 결정하여 실행하고 있는 습관이나 규칙

ex) 毎日1時間、近くの公園を散歩することにしている。

(매일 1시간 가까운 공원을 산책하기로 하고 있다.)

→ 산책할 것을 결정하여 이미 실행중임을 나타냄

健康のために、夜食べすぎないことにしている。

(건강을 위해 밤에 과식하지 않기로 하고 있다.)

→ 과식하지 않기로 결정하여 이미 실행중임을 나타냄

④「ようにしている」: 스스로 결정하여 목표로 삼고 있는 습관이나 규칙

ex) 毎日1時間、近くの公園を散歩するようにしている。

(매일 1시간 (가능한 한) 가까운 공원을 산책하도록 하고 있다.)

→ 가능한 한 산책할 것을 목표로 노력 중임을 나타냄

健康のために、夜食べすぎないようにしている。

(건강을 위해 (가능한 한) 밤에 과식하지 않도록 하고 있다.)

→ 건강을 위해 과식하지 않으려고 노력 중임을 나타냄

연 습 문 제

1. 다음 밑줄 친 곳에 들어갈 알맞은 말을 고르시오.

(1) 原則では試験時間は120分という＿＿＿＿＿＿＿。

① ことではない　　② ことになっている

③ ことでもない　　④ ことにあたっている

(2) 明日の朝、運動場で全員＿＿＿＿＿＿＿。

① 集合しようではないか　　② 集合しようとしている

③ 集合するにきまっている　　④ 集合することになっている

(3) 聞き取りの勉強のために、去年から字幕がない映画を＿＿＿＿＿＿＿。

① 見たいです　　② 見るつもりです

③ 見る予定です　　④ 見ることにしています

(4) 熱が下がったから、お風呂に＿＿＿＿＿いいです。

① 出ても　　② 入れても

③ 入っても　　④ 沸かしても

2. 제시된 예문 중 부자연스러운 표현이 있는 경우에 한해 자연스럽게 고치시오.

① 私達、4月に結婚することにしました。【청첩장 문구】

(수정 전:　　　　　　　　수정 후:　　　　　　　　)

② 一生懸命勉強した結果、成績が上がることになりました。

(수정 전: 수정 후:)

③ 先生：この教室、寒いね。暖房をつけてもいい？

学生：はい、つけてもいいです。

(수정 전: 수정 후:)

④ これ、余ったものだから全部持っていってもかまわないよ。

(수정 전: 수정 후:)

⑤ 会社の方針により、週末は仕事のメールを送らないようにしました。

(수정 전: 수정 후:)

⑥ 4年生になってから、就職のことで悩みが増えるようになりました。

(수정 전: 수정 후:)

3.「～てもいい」를 사용하여 해석에 맞게 문장을 완성하시오.

(1) 20살이 되면 담배를 피워도 됩니다.

二十歳になったら、たばこを____________________________。

(2) 시험까지는 3일이나 있으니까 그렇게 조급해하지 않아도 돼요.

試験までは三日もあるから、そんなに________________________。

(3) 가격이 비싸도 좋으니까 서비스가 좋은 곳에 묵고 싶다.

________________________、サービスの良い所に泊りたい。

(4) 서툴러도 좋으니까 부모님을 위해 요리를 해 보면 어때?

________________________、両親のために料理をしてみたらどう。

4. 다음 문장을 한국어로 해석하시오.

(1) 毎年一回は海外旅行をすることにしています。

⇒ ______________________________

(2) うちの学校は卒業まで140単位をとることになっています。

⇒ ______________________________

(3) まだ時間があるからゆっくりしててもいいですよ。

⇒ ______________________________

(4) 本日より、人事課に勤めることになりましたパクと申します。

⇒ ______________________________

5. 다음 문장을 일본어로 옮기시오.

(1) 몸 상태가 안 좋아서 당분간 술은 먹지 않기로 했다.

⇒ ______________________________

(2) 괜찮아, 아무 걱정하지 않아도 돼.

⇒ ______________________________

(3) 여기 주차해도 될까요?

⇒ ______________________________

(4) 나는 올해부터 수영을 배우기로 하고 있다.

⇒ ______________________________

(5) 이번에 도쿄 지사로 전근 가게 되었습니다.

⇒ ______________________________